CUADER NOS DE ARAGÓN

99

Representaciones de la "mujer moderna" a través de la revista *Estampa*, de 1928 a 1931

Pilar Yrache Jiménez

Institución Fernando el Católico
Excma. Diputación de Zaragoza

2025

Primera edición, 2025

Publicación número 4086
de la Institución Fernando el Católico,
Organismo autónomo de la Excma. Diputación de Zaragoza,
plaza de España, 2, 50071 Zaragoza (España)
tels.[34] 976 288 878 / 976 288 879
ifc@dpz.es
https://ifc.dpz.es

Diseño gráfico
Víctor M. Lahuerta

Preimpresión
Marta Ester

Impresión
Gistel Industrias Gráficas

ISBN 978-84-9911-741-6

Depósito Legal: Z 662-2025

Impreso en España – Unión Europea / Printed in Spain – European Union

A mis padres, Luis y M.ª Pilar
A mis hijos Elisa y Virgilio y a mi marido
Siempre a mi lado construyendo ideas,
teoría, debate, conciencia y felicidad

Presentación y agradecimientos

El estudio que presento se realizó para el Trabajo Fin de Máster, del Máster Universitario en Historia Contemporánea de la Universidad de Zaragoza, bajo la dirección de la Dra. Ángela Cenarro, que me ha ido guiando en las técnicas de investigación y me ha aportado el acceso a la bibliografía y a la base teórica que da sentido al proceso de trabajo con las fuentes.

Después de años trabajando como profesora de Geografía e Historia en Institutos de Aragón, decidí que me apetecía, que necesitaba volver a la Universidad para continuar mi formación. La apertura que este máster me brindó a nuevas formas de entender el estudio del pasado y la consideración de los hechos, actitudes, emociones, culturas y subjetividades que merecen ser historiadas, me llevó a interesarme por la Historia de las Mujeres. Agradezco especialmente a la profesora Ángela Cenarro que imparte esta asignatura la posibilidad de conocer y valorar críticamente a las diferentes historiadoras que han hecho que la Historia de las Mujeres no sea un apéndice a la Historia sino una nueva forma de hacerla y entenderla, ya que los estudios realizados sobre la vida de las mujeres en el pasado representan un desafío hacia las interpretaciones aceptadas de algunos periodos y acontecimientos. Gracias a esta profesora he podido acercarme a historiadoras como Joan Scott que considera que, en la Historia General, el individuo es entendido como universal pero realmente esta Historia se ha escrito con un sujeto histórico masculino considerado como universal. Es por eso tan necesaria la reivindicación de la mujer como sujeto histórico.

También ha sido muy importante para mi trabajo la asignatura de Medios de Comunicación: fuente y documento, impartida por la profesora Gema Martínez de Espronceda que me ha permitido acercarme a la prensa gráfica como documento histórico y a la representación de la mujer en ella.

El enfrentarme a mi pequeña investigación me ha hecho reconocer todo el legado de las clases, las charlas, la convivencia y la importante base teórica que recibimos los estudiantes de los años 80 de profesores del Departamento de Historia Contemporánea tan entrañables, comprometidos, innovadores y, sobre todo, grandes docentes como Juan José Carreras, Carlos Forcadell y Jesús Longares que en ese momento estaban proponiendo formas alternativas de acercamiento de los estudiantes a los contenidos así como la lectura crítica de los textos históricos y de la historiografía. Siempre han estado conmigo en mi labor docente y ahora en mi acercamiento a la investigación.

Asimismo, quiero reconocer que una mente innovadora, crítica y con un gran conocimiento, tanto de la Filosofía como de la Literatura y la Historia, me ayuda siempre a fundamentar mi trabajo con bases teóricas que reconocen las nuevas formas de acceso al conocimiento basadas en la importancia del lenguaje y el texto. Las charlas, discusiones y sobre todo la escucha activa de las explicaciones de Luis Yrache, mi padre, que nos dejó en 2015, sobre la importancia del giro lingüístico y la necesidad de deconstruir tanto los conceptos como las identidades para entender su carácter histórico y no universal, me ayudan a enfrentarme y valorar con perspectiva crítica los documentos históricos y la historiografía.

Creo que confrontar las ideas, las conclusiones y los planteamientos derivados de la labor de investigación con personas jóvenes, inteligentes, con mentes menos impregnadas de conceptos previos, pero muy claras, hace que una se plantee muchas cuestiones que, tal vez, los más antiguos en el oficio damos por sentadas. Agradezco a mis hijos las charlas críticas, las peticiones de aclaración de los conceptos y la nueva perspectiva que aportan siempre a mi trabajo.

Finalmente, es mi compañero la pantalla sobre la que proyecto todos los problemas que ocasiona el trabajo, las inseguridades, las dudas y siempre recibo la confianza, el apoyo, la visión tranquila y las más certeras aportaciones que me hacen seguir en la brecha y sobre todo sentir que no estoy sola.

Representaciones de la "mujer moderna" a través de la revista *Estampa*, de 1928 a 1931

Introducción

1.1. Objetivos

Este trabajo se inicia con la lectura y visualización de la revista gráfica *Estampa* que se publicó semanalmente entre los años 1928 y 1938 en España. Una mujer de mi entorno familiar coleccionó y encuadernó esta publicación desde el primer número y, por lo tanto, es un material que tengo a mi alcance. La impresión que llega al observador y posterior investigador al ojear esta revista es que la mujer tiene una gran presencia en las portadas, los artículos y las imágenes. Además de esto se percibe, desde el principio, que la publicación va dirigida a un público que incluye a las mujeres como lectoras o, por lo menos, como visualizadoras de las imágenes.

El objetivo de este trabajo es analizar con perspectiva de género la presencia de las mujeres en la revista *Estampa* entre los años 1928 y 1931. La elección de este periodo está motivada por un intento de conocer e investigar cómo se reflejan en la prensa, especialmente en las revistas gráficas, las representaciones de género de la denominada "mujer moderna". El trabajo va encaminado también a valorar con perspectiva crítica la aparición de la mujer en el espacio público, el trabajo, los estudios y las actividades de ocio y deporte que se recogen en un gran número de páginas en esta publicación. Basándome en los comentarios, las preguntas y las respuestas de periodistas y entrevistadas y entrevistados, así como los pies de fotos y la selección de imágenes, pretendo valorar hasta qué punto estas presencias, actitudes y nuevas formas de visualización de las mujeres suponen un desafío al orden de género y a la normatividad vigente en el final de los años veinte del siglo pasado en nuestro país.

Al estudiar las representaciones de la feminidad en la prensa, he constatado la insistencia en la utilización de la palabra feminismo, tanto en las intervenciones de informantes, entrevistadas y entrevistados como en los comentarios y valoraciones de las y los periodistas. Por esta razón, otro de mis objetivos es analizar y contextualizar la utilización del término apoyándome en la historiografía que se ha dedicado al estudio histórico del feminismo y a la extensión del concepto a diversas actitudes y experiencias femeninas que tienen la consideración de feministas aunque no se correspondan con el concepto más clásico del término.

1.2. Estado de la cuestión

La historiografía ha reconocido que a partir de la Primera Guerra Mundial se plantean una serie de propuestas y cambios que afectan a la ciencia, la filosofía, la moral, las instituciones y también a las representaciones y modelos de género, así como a las relaciones entre los sexos. En el libro *Feminidades y masculinidades. Arquetipos y prácticas de género*[1] del que Mary Nash es editora, se llevan a cabo investigaciones sobre estos cambios y sobre la posibilidad que en ellos existe de transformar, cuestionar o renegociar los arquetipos de género hegemónicos, consiguiendo, en palabras de la profesora Ángela Cenarro en su reseña del citado libro, "sentar las bases de un cambio político y social en un sentido más igualitario".[2] María Dolores Ramos, en el primer capítulo de este libro, considera que en los años veinte del siglo XX, en un contexto complejo de modernidad y de transformaciones sociales, la mujer moderna o nueva mujer está presente con sus propuestas éticas, estéticas, políticas y sociales, en la formación de un frente cívico y secularizador que contribuyó a modificar las identidades desembocando en los años treinta en la obtención de derechos como el sufragio femenino.[3]

1   NASH, M. (ed.). (2014). *Feminidades y masculinidades. Arquetipos y prácticas de género*. Madrid: Alianza Editorial.

2   CENARRO, A. (2016). "Reformulación identitaria". Reseña del libro Nash, M. (ed.). *Feminidades y masculinidades. Arquetipos y prácticas de género*. Madrid: Alianza Editorial. En *Revista Interdisciplinaria de Estudios de Género del El Colegio de México*, 3, pp. 186-190.

3   RAMOS, M. D. (2014), "La construcción cultural de la feminidad en España. Desde el fin del siglo XIX a los locos y politizados años veinte y treinta". En NASH, M. (ed.). *Feminidades y masculinidades. Arquetipos y prácticas de género*. Madrid: Alianza Editorial.

Nerea Aresti en 2001 en su libro *Médicos donjuanes y mujeres modernas. Los ideales de feminidad y masculinidad en el primer tercio del siglo XX*,[4] reconoce que estos cambios en los ideales y modelos de género, si bien no llegaron a cuestionar los papeles tradicionales, sí alteraron grandemente las condiciones en las que estos papeles eran desempeñados, tanto en el caso de las mujeres como en el de los hombres. La mujer moderna, con su apariencia y actitudes desafía "no sólo las fronteras entre los sexos sino también la propia definición de hombre y mujer".[5] Este cambio en las representaciones y en los arquetipos de género está produciendo una redefinición de las propias construcciones identitarias que afectan a la consideración del significado de ser hombre y mujer y a la propia construcción binaria de los sexos. Sin embargo, la misma autora, en su artículo "Cuestión de Dignidad" entiende que "la capacidad para cuestionar una percepción naturalizada de la diferencia sexual, en un acto de 'indocilidad reflexiva', que negara como verdadera la verdad científica, fue relativamente poco frecuente en la realidad de la época".[6] Por tanto, aun cuando las propuestas de los nuevos arquetipos de género surgidos de la modernidad en estas primeras décadas del siglo XX plantean nuevas construcciones identitarias, también es cierto que la posición de la ciencia, especialmente las propuestas del Dr. Gregorio Marañón recopiladas en *Tres ensayos sobre la vida sexual* (1926), fueron muy leídas y consideradas en los años veinte y en ellas se plantea que los roles sociales de los sexos vienen determinados por la biología. El mantenimiento de la diferencia sexual como presupuesto científico no permite a las y los contemporáneos llegar más allá en el replanteamiento de las identidades y de la propia noción binaria de la diferencia sexual. En palabras de Carmen González Marín, "se trata de un dualismo vertical, y las mujeres quedan atrapadas en el ámbito considerado inferior".[7]

4   ARESTI, N. (2001). *Médicos donjuanes y mujeres modernas. Los ideales de feminidad y masculinidad en el primer tercio del siglo XX*. Bilbao: Universidad del País Vasco.

5   ARESTI, N. (2007). "La mujer moderna, el tercer sexo y la bohemia en los años veinte". *Dossiers Feministes*, 10, p. 173.

6   ARESTI, N. (2014). "Cuestión de dignidad. Género, feminismo y culturas políticas". En FORCADELL, C. y SUÁREZ CORTINA, M. (Coords.). *La Restauración y la República. 1874-1936*. Vol. III de PÉREZ LEDESMA, M. y SAZ, I. *Historia de las Culturas políticas en España y América Latina* (directores). Madrid: Marcial Pons Ediciones de Historia, Zaragoza: Prensas Universitarias de Zaragoza, p. 88.

7   GONZÁLEZ MARÍN, C. (2008). "La ansiedad de la diferencia". En HUGUET, M. y GONZÁLEZ MARÍN, C. (Eds.). *Género y espacio público. Nueve Ensayos*. Madrid: Dykinson, p. 62.

La mujer moderna es considerada por los investigadores como uno de los símbolos más reconocibles de la modernidad. Supone para Jordi Luengo (2008)[8] la sinécdoque de la modernidad misma. Valora y considera a la "mujer moderna" como una adelantada a su tiempo que transgrede las normas y pautas consideradas propias de la tradición decimonónica. Michaela Pattison[9] se centra en la visibilización externa de esta mujer en los medios de comunicación como *flapper* o *garçonne*. La relaciona con la "Modern appearing woman", categoría introducida por Liz Conor,[10] que hace referencia al moderno proceso de visibilidad de las mujeres por medio de su conversión en espectáculo.

La confianza incondicional en el cambio y el entusiasmo por la idea de transformación que tenía la mujer moderna de los años veinte en España han sido estudiados por Miren Llona en 2020.[11] Esta autora considera que ese apego por lo nuevo permitió a estas mujeres situarse en una posición activa, desestabilizadora y de vanguardia. Sin embargo, también reconoce que muchos de los aspectos de esta modernidad no llevaron a ese futuro que ellas esperaban.

Tanto Miren Llona como Nerea Aresti han introducido desde la Universidad del País Vasco el estudio del cuerpo y sus emociones como soporte de las identidades. Sus aportaciones permiten estudiar la importancia del cuerpo femenino en la creación del nuevo modelo de mujer moderna. Miren Llona en su artículo "Los otros cuerpos disciplinados. Relaciones de género y estrategias de autocontrol del cuerpo femenino (primer tercio del siglo XX)" de 2020, considera que es en la segunda década del siglo XX cuando se observa

---

8   LUENGO, J. (2008). *Gozos y ocios de la mujer moderna. Transgresiones estéticas en la vida urbana del primer tercio del siglo XX*. Málaga: Universidad de Málaga.

9   PATTISON, M. (2017). "La creación de la Muchacha Moderna: Consumo, modernidad y género en la revista gráfica española (1928-1933)". En *VI Encuentro internacional de jóvenes investigadores en Historia Contemporánea*. Zaragoza. https://historiazgz2017.files.wordpress.com/2017/05/m1-pattison-consumo-modernidad-y-gc3a9nero.pdf, fecha de consulta 30/09/2021.
    PATTISON, M. (2017). "La niña bonita se hace *flapper*: el compromiso político y social de la "muchacha moderna" en vísperas de la Segunda República Española". En GONZÁLEZ MADRID, D., ORTIZ HERAS, M. y PÉREZ GARZÓN, J. S. (coord.). *La Historia: lost in traslation. Actas del XIII Congreso de la Asociación de Historia Contemporánea*. Cuenca: Ediciones de la Universidad de Castilla-La Mancha.

10   CONOR, L. (2004). *The Spectacular Modern Woman: Feminine Visibility in the 1920s*. Bloomington and Indianapolis: Indiana University Press.

11   LLONA, M. (2020). "Recordar el porvenir: las mujeres modernas y el desorden de género en los años veinte y treinta", *Arenal*, 2, pp. 5-32.

un creciente interés por la nutrición y la salud corporal. "El cuerpo pasó a ser considerado un laboratorio extraordinario a partir del cual podía dominarse el espíritu y la mente".[12]

El estudio de la vida cotidiana que realizan Ana Aguado Higón y María Dolores Ramos Palomo en "La modernidad que viene. Mujeres, vida cotidiana y espacios de ocio en los años veinte y treinta",[13] supone una fuente esencial para valorar la importancia y trascendencia de los cambios que lleva consigo la presencia de este nuevo modelo de mujer, tanto como ideal de género a imitar en algunos aspectos, como en las propias actitudes de mujeres que acceden al espacio público, al trabajo y al ocio.

Finalmente es necesario considerar también que, en palabras de María Dolores Ramos, estos cambios "incentivaron el miedo a la indefinición sexual y a los nuevos modelos de feminidad y masculinidad más flexibles y matizados".[14]

La consideración del feminismo en los años finales del siglo XIX y los primeros del siglo XX ha dado lugar a debates entre las historiadoras. En el artículo de Mary Nash, "Experiencia y aprendizaje: la formación histórica de los feminismos en España" se pone de manifiesto que hasta ese momento, las investigaciones habían reconocido "una cierta insistencia interpretativa en vincular feminismo con sufragismo".[15] Tanto Rosa Capel[16] como Geraldine Scanlon[17] afirmaban la existencia de una débil implantación del feminismo en España, motivada por el escaso arraigo que había tenido el sufragismo. Este hecho lo achacaban a la tradicional consideración de la inexistencia de una burguesía fuerte y, por tanto, de una clase media que es la protagonista de este tipo de movimientos feministas liberales burgueses. También

12   LLONA, M. (2020). "Los otros cuerpos disciplinados. Relaciones de género y estrategias de autocontrol del cuerpo femenino (primer tercio del siglo XX)", *Arenal*, 14, p. 91.

13   AGUADO HIGÓN, A. y RAMOS PALOMO, M. D. (2002). *La modernización de España (1917-1939): cultura y vida cotidiana*. Madrid: Síntesis.

14   RAMOS, M .D. (2014). "La construcción cultural de la feminidad en España. Desde el fin del siglo XIX a los locos años veinte y treinta". En NASH, M. (ed.). *Feminidades y Masculinidades. Arquetipos y prácticas de género"*. Madrid: Alianza Editorial.

15   NASH, M. (1994). "Experiencia y aprendizaje: la formación histórica de los feminismos en España", *Historia Social*, 20, p. 153.

16   CAPEL, R. M. (1975). *El sufragio femenino en la Segunda República Española*. Granada: Secretariado de publicaciones de la Universidad de Granada.

17   SCANLON, G. (1976). *La polémica feminista en la España contemporánea (1868-1974)*. Madrid: Siglo XXI.

Concha Fagoaga[18] basaba su estudio en el eje sufragista como principal forma de consecución de la igualdad y de la lucha contra el sistema patriarcal. La aportación de Mary Nash en el citado artículo permite superar la interpretación del feminismo con parámetros anglosajones basados solo en un reconocimiento del feminismo político y liberal. Desde este momento se abre la posibilidad de estudiar otras dimensiones de la estrategia feminista y, por tanto, de experiencias más plurales en las que el reconocimiento de la diferencia de género permite, sin embargo, el cuestionamiento de los roles de género vigentes en las sociedad española y la formación de feminismos que se encaminan a una renegociación del contrato social de género sin llegar a una lucha evidente contra el sistema patriarcal. Es en este ámbito en el que la historiografía considera como feministas las actitudes y representaciones de la mujer moderna que, aunque no siempre plantean una clara lucha por la igualdad, sí suponen una desestabilización de las relaciones entre los sexos, algo que es una condición del feminismo. Laura Branciforte reconoce que es en la España de los años veinte cuando se emplea el término feminismo en ámbitos que son de la diferencia de género y no de la igualdad y cuando, más allá del feminismo sufragista, laico, burgués y subversivo, se fraguan unas expresiones del mismo más vinculadas a la realidad político social de esos años.[19] Así mismo, Miren Llona constata cómo se produce en los años veinte y treinta un alejamiento del considerado feminismo "reprobable", igualitarista o masculinizante. La reafirmación de una naturaleza femenina positiva y la revalorización de la maternidad permitieron crear un movimiento feminista que se propuso reformar la sociedad, ocupar el espacio público y lograr influencia política, pero no conseguir una igualdad con los hombres.[20]

Paralelamente también se han estudiado las reacciones que se producen ante la visualización en el espacio público de la mujer moderna. Frances Lannon[21] escribe un artículo en el que trata de la Pastoral de los Obispos de 1926 sobre la forma de vestir de las mujeres en los años veinte y la pérdida del re-

18 Fagoaga, C. (1985). *La voz y el voto de las mujeres. El sufragismo en España 1877-1931*. Barcelona: Icaria.

19 Branciforte, L. (2015). "Experiencias plurales del feminismo español en el primer tercio del siglo pasado: un balance de la historiografía reciente", *Revista de Historiografía*, 22, p. 237.

20 Llona, M. (2020). "Recordar el porvenir: las mujeres modernas y el desorden de género en los años veinte y treinta".*Arenal*, 27, pp. 5-32.

21 Frances, L., Seguí Cosme, M. J. y Seguí Cosme, S. (1999). "Los cuerpos de las mujeres y el cuerpo político católico: autoridades e identidades en conflicto en España durante las décadas de 1920 y 1930". *Historia Social,* 35, pp. 65-80.

cato. En ella la Iglesia reconoce su fracaso ante la popularización de la nueva moda que ha llegado incluso "a las más devotas". Siente peligrar su autoridad como proveedora de un código moral y teme la confusión de los sexos, la masculinización y la pérdida de las costumbres cristianas. La autora concluye el artículo reconociendo que ese temor era excesivo ya que el género, tanto en su vertiente de relación social como en la de construcción simbólica, apenas se había trastocado en la España de los veinte y treinta. También Nerea Aresti,[22] plantea el miedo de la sociedad de principios de siglo a la indefinición sexual o a la masculinización de la mujer, que son algunos de los rasgos de la nueva representación de género que plantean las mujeres modernas.

La maternidad y la preparación para la misma tienen una gran importancia en los años veinte. En este sentido, el libro de Irene Palacio (2003) *Mujeres ignorantes: madres culpables. Adoctrinamiento y divulgación materno-infantil en la primera mitad del siglo XX,* aporta la idea de que en estos años existe un verdadero interés por la formación de las madres que, según la autora, obedece a intereses políticos, ideológicos o religiosos, encaminados a determinar el modo en que debían sentir, actuar y comportarse en relación con la crianza de los hijos. Supone el afianzamiento de la domesticidad plegada al "exclusivo y sagrado destino de la maternidad".[23]

En definitiva, en los últimos años la historiografía ha indagado en dos temas relacionados con el arquetipo de feminidad que nació tras la I Guerra Mundial en todo el mundo occidental. Si por un lado ha intentado identificar transformaciones políticas, sociales y culturales que acompañaron el surgimiento de la nueva "mujer moderna", por otro se ha planteado hasta qué punto estos cambios en la representación y los ideales de género supusieron el reconocimiento de un nuevo estatus para las mujeres en la sociedad.

1.3. Metodología y fuente histórica

La utilización de la prensa como fuente para una investigación implica, en primer lugar, el estudio y la contextualización de ese medio de comunicación

22 ARESTI, N. (2007). "La mujer moderna, el tercer sexo y la bohemia en los años 20", *Dossiers Feministes*, 10, p. 173.

23 PALACIO LIS, I. (2003). *Mujeres ignorantes: madres culpables. Adoctrinamiento y divulgación materno-infantil en la primera mitad del siglo XX.* Valencia: Universitat de València. Dpto. Educación Comparada e Historia de la Educación.

en cuanto creador de información que recoge y publica una parte de los acontecimientos sociales, con un determinado criterio de selección y con una valoración y presentación acorde con una ideología política. Esa extracción de los acontecimientos y temas tratados son los que sirven como ventana al investigador para acceder a una información sobre aspectos de la realidad del momento que se pueden valorar, explicar y contextualizar, si bien, no es posible, a través de una única fuente, extrapolar las conclusiones que de ella se derivan a la totalidad de un determinado grupo social, de género o unas determinadas actitudes y formas de actuación de las y los sujetos históricos.

A través de la información y las imágenes de la revista gráfica *Estampa*, la metodología utilizada consiste en reconocer la presencia de las mujeres analizando las representaciones y los discursos de género, su forma de visibilización, su presencia en el espacio público, sus actividades y sus intervenciones como informantes o entrevistadas, en definitiva, en palabras de María Dolores Ramos, "cómo las mujeres hablan de ellas, entre ellas, para ellas y para las/los demás en su nueva condición de sujetos".[24] Este tipo de estudio sigue los presupuestos de la Historia de género así como de la Historia cultural y de la vida cotidiana que permiten entender y valorar con perspectiva histórica las emociones, ideales, anhelos y actitudes cotidianas de las mujeres, así como la conciencia de las protagonistas de estar viviendo un momento de cambio y de replanteamiento de los arquetipos de género.

La bibliografía comentada más arriba, así como los estudios sobre la prensa y las y los periodistas del primer tercio del siglo XX, permiten valorar la importancia de estas nuevas representaciones y discursos de género en la formación de feminismos así como de cambios o replanteamientos en las identidades de género.

La fuente principal utilizada en este trabajo es la revista *Estampa* que salió el 3 de enero de 1928 y se publicó hasta 1938. Su primer director fue Antonio González Linares (1875-1945), que le proporcionó el estilo de "magazín" que había aprendido en el periodismo francés durante su estancia en París. La impresión se llevó a cabo en los talleres tipográficos de Sucesores de Rivadeneyra, pertenecientes al ingeniero de Caminos Luis Montiel Balanzat (1884-1976). A los dos meses de su aparición, González Linares marchó a París y abandonó la dirección de *Estampa,* según se anuncia en su

---

24 Ramos, M. D. (2014). "La construcción cultural de la feminidad en España. Desde el fin del siglo XIX a los locos años veinte y treinta". En Nash, M. (ed.). *Feminidades y Masculinidades. Arquetipos y prácticas de género".* Madrid: Alianza Editorial, p. 41.

número 10, de seis de marzo de 1928, asumiendo su propietario también la dirección, y continuando como redactor-jefe Vicente Sánchez Ocaña (1895-1962), que procedente de *El Heraldo de Madrid* (1890-1939) formaba parte de la redacción desde su fundación. El nuevo director, Luis Montiel, se encontraba políticamente en el sector ciervista del Partido Conservador siendo diputado por Morella entre los años 1918 y 1923. Tras el golpe de estado del general Primo de Rivera, abandonó la política activa y se dedicó a las artes gráficas. Durante los años de la República apoyó a diversos partidos del arco parlamentario y a personalidades como Gil Robles, Azaña o incluso Prieto, pasando por las formaciones políticas de Martínez Barrio, Alcalá Zamora o Lerroux. Al iniciarse la Guerra Civil se exilió en Buenos Aires. En 1964 regresó a España, adquirió la propiedad de la revista *Semana* y en 1967 volvió a sacar a la calle el diario deportivo *As*.

La principal novedad de las revistas gráficas de los años veinte es la presencia de la fotografía con la técnica del huecograbado. "Fue entonces cuando se consiguió la democratización porque el lector pudo ver e interpretar personalmente lo que hasta entonces le contaban".[25] La imagen en la prensa es la manifestación de una nueva concepción del mundo que hace que personas de cualquier lugar puedan conocer a los personajes del momento, lugares lejanos, inventos, obras de arte que de otra manera no hubieran conocido. Paralelamente, la mujer aparece en la prensa como lectora, visualizadora y como protagonista de artículos, fotografías y publicidad. Vamos a encontrar en las revistas gráficas de esta época mujeres que practican deporte, que llevan a cabo actividades al aire libre y que disfrutan del ocio.[26] En el resto de Europa se están publicando también magazines de este estilo, es el caso de la revista francesa *Vu* creada por Lucien Vogel iniciada el 21 de marzo de 1928 que inspirada en la alemana *Berliner Illustrierte Zeitung* contaba con la colaboración de los mejores fotógrafos como Cartier-Bresson o Robert Capa, este último muy conocido por la fotografía que tomó durante la Guerra Civil española en Cerro Muriano titulada *Muerte de un miliciano*. La intención de este tipo de revistas es la búsqueda de un público amplio, a diferencia de los periódicos de partido o de las revistas culturales que tenían un público más especializado y escaso. Se opta por una información poco comprometida políticamente, con muchas imágenes y a un coste escaso.

---

25 SÁNCHEZ VIGIL, J. M. (2008). *Revistas ilustradas en España. Del Romanticismo a la Guerra Civil*. Gijón (Asturias): Ediciones Trea, S.L, p. 22.

26 MARTÍNEZ DE ESPRONCEDA SAZATORNIL, G. (2011). "Indumentaria y medios de comunicación". *Emblemata: Revista aragonesa de emblemática*, 17, p. 173.

Imagen 1. Grupo de estudiantes de la Residencia de Señoritas. *Crónica* (1930)

Estampa costaba 30 cts. Su éxito fue fulminante ya que a los dos meses de salir alcanzó los 100.000 ejemplares, y a los tres meses los 150.000, llegando después a superar los 200.000. Es el nuevo periodismo de empresa que encuentra en estas revistas ilustradas un importante volumen de negocio.

La competencia más directa de la revista *Estampa* la encontramos en *Crónica*, que empezó a publicarse el 17 de noviembre de 1929 y permaneció hasta diciembre de 1938. También impresa en huecograbado, basada en modelos de magazines franceses y alemanes y con profusa utilización de fotografías con escuetos pies de foto. Con secciones muy similares a las de *Estampa,* incluía entrevistas, crónicas, reportajes de actualidad e información general, tanto de Madrid y provincias como del extranjero, referentes a viajes, turismo, espectáculos (teatro, cine y toros), deportes (fútbol, ciclismo, boxeo, hípica, automovilismo o natación), arte, literatura (relatos breves), sucesos, vida social y páginas dedicadas especialmente a la mujer (moda y belleza) o a los niños (cuentos o concursos). Fue dirigida por Antonio González Linares que había sido el primer director de *Estampa* y que le imprimió un marcado carácter liberal, republicano y más popular que el de la conservadora *Estampa*. Desde el punto de vista de la representación de la mujer se aprecia una mayor libertad en las fotografías femeninas,

Año II. – Núm. 43

7 Septiembre 1930

cronica

Revista de la semana :: Se publica los domingos en Prensa Gráfica, Hermosilla, 57.–Madrid
Director: ANTONIO G. DE LINARES

La actriz más popular y más imitada del mundo.

Greta Garbo es hoy la mujer de moda. No sólo las artistas que aspiran á la celebridad cinematográfica, sino las mujeres que tan sólo practican el arte de la seducción—casi todas las mujeres "chic", en suma—, procuran hacerse un "tipo á lo Greta Garbo", y estudian para copiarlos, los gestos y las actitudes de la gran "estrella"... Aquí aparece Greta en una "pose", muy suya, de una de las escenas de "Anna Christie", película dirigida por Clarence Brown.

Fot. Metro-Goldwyn-Mayer.

20 cts.

Imagen 2. Greta Garbo. *Crónica* (1930). Portada.

incluyendo incluso desnudos, fundamentalmente a cargo del fotógrafo vienés Manassé o de Federico Ribas. En todo caso, comparten la presencia de la representación de la "mujer moderna" en sus páginas sobre todo en las fotografías, así como un intento de visibilizar la presencia de las mujeres trabajadoras en los diferentes gremios y las escasas mujeres universitarias e intelectuales como las que se integran en la Residencia de Señoritas dirigida por María de Maeztu. Esta presencia es siempre considerada como algo muy positivo y que viene a ampliar los horizontes laborales y la presencia de las mujeres en el ámbito público [imagen 1].

Especialmente la revista *Crónica* dedica un gran número de portadas y de páginas en el interior, con profusión de imágenes, a las artistas de cine de Hollywood como representación de la modernidad y de la creación de nuevas representaciones femeninas diferentes a las de los espectáculos de teatro y revista provenientes de finales del siglo XIX [imagen 2].

2.

Moda, estética y cuidado del cuerpo.
La "mujer moderna"

En los años veinte aparece una nueva representación de género que se reconoce sobre todo en los medios de comunicación social, revistas gráficas, cinematógrafo y publicidad. Se trata de la denominada "mujer moderna". Micaela Pattison estudia este nuevo sujeto histórico.

> en medio de los grandes cambios políticos y económicos de entreguerras, la Muchacha Moderna —bien como actor histórico o como 'estrategia representativa'— se llega a reconocer, consumir y adaptar a contextos locales en Asia, África, Europa y Norteamérica.[27]

La considera una "estrategia representativa", porque se basa sobre todo en la apariencia y en la visualización. La "muchacha moderna" es una imagen de los medios de comunicación, una nueva forma de visualización externa de la mujer que supone un nuevo aspecto, nueva forma de vestir, de presentarse y de ocupar el espacio público, especialmente el urbano. Esta representación de la feminidad se reconoce como una mujer joven, estilosa, urbana, que se identifica con el ámbito público, las calles y los cafés de las grandes ciudades, los deportes, los espectáculos, etc. En la creación de esta nueva representación tienen importancia las revistas gráficas leídas o visualizadas por mujeres ya que en ellas se percibe una reelaboración del modelo de mujer que se presenta con una imagen distinta a la tradicional.

El llamado "bar americano" es la imagen de este nuevo tipo de establecimientos con barra y taburetes, algunos divanes y mesas, decorados de forma elegante y sobria al modo *Art déco* de los años treinta. En ellos vemos a la

---

27 PATTISON, M. (2017). "La creación de la Muchacha Moderna: Consumo, modernidad y género en la revista gráfica española (1928-1933)"en *VI Encuentro internacional de jóvenes investigadores en Historia Contemporánea*. Zaragoza: https://historiazgz2017.wordpress.com/. Fecha de consulta 30/09/2021, pp. 4-5.

Imagen 3. *Estampa* (1931)

mujer moderna que se sienta junto a la barra en grupo o incluso sola, sin acompañante masculino. El primero en España fue el de "Chicote" que se abrió en 1931 en la Gran Vía madrileña y del que la revista *Estampa* da buena cuenta en un artículo dedicado a él y en el que aparecen las "señoritas" junto a su barra [imagen 3].

> Por las mañanas acuden a él señoritas de la aristocracia, que tornan el aperitivo. Luego vienen otras señoritas, muy guapas y muy elegantes y las otras se marchan. Ellos, los hombres, se suelen quedar. Son unos acaparadores de señoritas y de "cock-tails.[28]

28   *Estampa*, 195, (03/10/1931), p. 19.

Este modelo de feminidad a menudo se identifica con los nombres de *flapper y garçonne*. En España se consideran importados del extranjero y contrarios a la representación que de la mujer española se ha tenido en el siglo anterior y que perdura, en la mayoría de los casos, en los comienzos del siglo XX. Es el concepto de modernidad que tanto se reconoce en Europa y EEUU en los años veinte el que acarrea una representación de la feminidad en su aspecto externo y en su papel público diferente, nueva y sobre todo "moderna".

Micaela Pattison ha estudiado las diversas maneras de entender este fenómeno de la muchacha o mujer moderna en los diversos países del mundo.

> En España y en muchos países algunos comentaristas afirman que las llamadas 'flappers' y 'garçonnes' son meras creaciones del cine o de la nueva cultura de consumo, imitaciones de tendencias norteamericanas creadas para vender cremas y polvos. Otros sí reconocen un nuevo modelo de feminidad entre las jóvenes que pasean por las calles de la gran ciudad y perciben en ellas una amenaza.[29]

En nuestro país, muchas voces conservadoras denuncian que esta "muchacha moderna" supone un abandono de la tradición y creen que con ella se pierde la mujer castiza y auténticamente española. Es un planteamiento unido al patriotismo de la Dictadura de Primo de Rivera y a la defensa de la mujer como "ángel del hogar" y depósito de las tradiciones. Pero, en otros casos, las ideologías más conservadoras aprecian en este cambio estético de la mujer una modernidad no demasiado peligrosa y que no amenaza con subvertir los roles tradicionales de género. En muchas ocasiones, las modernas, son mujeres de la alta sociedad que tienen acceso a actividades de ocio, deportivas, con vehículos conducidos por ellas mismas, que lucen los modelos llegados de París y que no hacen temer un cambio en los roles de género tradicionales de las mujeres españolas que se encuentran, en su mayoría, muy alejadas de este estereotipo.

Una característica importante de esta "mujer moderna" es su visibilización, su apariencia. Es lo que la historiadora Liz Conor denomina "Modern appearing woman", categoría que hace referencia al moderno proceso de visibilidad de las mujeres. En concreto, llega a señalar que la visibilidad

---

29 PATTISON, M. (2017). "La creación de la Muchacha Moderna: Consumo, modernidad y género en la revista gráfica española (1928-1933)"en *VI Encuentro internacional de jóvenes investigadores en Historia Contemporánea*. Zaragoza: https://historiazgz2017.wordpress.com/. Fecha de consulta 30/09/2021, pp. 4-5.

de las piernas de la mujer constituye una alegoría de la modernidad capaz de transmitir por sí misma la sensación de acceso a la verdad.[30] Micaela Pattison, haciéndose eco del concepto, ha afirmado que las muchachas modernas "quieren ser vistas" y, para ello, ha destacado la importancia de la tecnología de la imagen, accesible a través de las páginas de moda, la publicidad y los foto-reportajes de revistas como *Estampa* y *Crónica*.[31]

También la historiadora Miren Llona reconoce que el significado del "appearing" de la mujer moderna, se vincula a emociones fundamentales como la sensación de libertad proporcionada por la ruptura de moldes y por la autoafirmación personal a través de la aparición pública.

Son las propias contemporáneas las que reconocen esta nueva representación de género y depositan en ella muchas esperanzas de futuro sobre la mejora en las condiciones de vida de las mujeres y la igualdad. En los escritos de Carmen de Burgos, escritora, periodista y activista en defensa de los derechos de la mujer, se puede comprobar este entusiasmo ante lo que significa el periodo que se inicia con la Primera Guerra Mundial y que va a afectar a las formas de vida de toda la sociedad y, especialmente, a la de las mujeres. En su obra *La mujer moderna y sus derechos* (1927), considera que se está produciendo un cambio tan trascendental en la sociedad que se puede considerar el inicio de una nueva Era como lo fue "el cristianismo o la Revolución Francesa (...) que remueve hondamente principios y costumbres".[32]

Para Jordi Luengo (2008) estos cambios se basan en actos trasgresores como el hecho de fumar un cigarrillo, bailar con lascivia un tango argentino o llevar la falda más corta.[33] Todas ellas son actitudes que atañen a la vida cotidiana de las mujeres, a su vestimenta, a su visualización o a su ocio. Se trata, como vemos, de un cambio en la representación de género. Asistimos a manifestaciones que suponen un discurso alternativo a la domesticidad, al recato, a la reclusión en el hogar y por tanto, a las representaciones en las que se basan los arquetipos de género que vienen del siglo XIX. Esta

---

30 Conor, L. (2004). *The Spectacular Modern Woman: Feminine Visibility in the 1920s*. Bloomington and Indianapolis: Indiana University Press, p. 15.

31 Pattison, M. (2017). "La creación de la Muchacha Moderna: Consumo, modernidad y género en la revista gráfica española (1928-1933)"en *VI Encuentro internacional de jóvenes investigadores en Historia Contemporánea*. Zaragoza: https://historiazgz2017.wordpress.com/. Fecha de consulta 30/09/2021, pp. 4-5.

32 De Burgos, C. (1928). *La mujer moderna y sus derechos*. Valencia: Sempere, p. 9.

33 Luengo López, J. (2008). *Gozos y ocios de la mujer moderna. Transgresiones estéticas en la vida urbana del primer tercio del siglo XX*. Málaga: Universidad de Málaga, p. 20.

presencia de la nueva mujer en los medios de comunicación cada vez más influyentes y que llegan cada vez a un sector más amplio de la sociedad, hace que algunas de estas nuevas actitudes y discursos vayan calando poco a poco en las mujeres más jóvenes y urbanas que van adaptando esta visualización externa.

Para comenzar a indagar en la prensa gráfica sobre la presencia de esta nueva representación y arquetipo de género, me centraré en el análisis de la moda en el vestir, en la belleza a través de los cosméticos y en los cuidados del cuerpo. Estas son partes importantes de esa nueva apariencia que hace reconocible esta modernidad en la imagen femenina.

La moda femenina se considera una de las primeras representaciones de la imagen de esta "mujer moderna", desde el final de la Gran Guerra. Las primeras dos décadas del siglo XX suponen un punto de inflexión en la historia de la moda gracias a la relegación definitiva del corsé debida, entre otras razones, a la incorporación de la mujer a la producción fabril durante la I Guerra Mundial. La silueta ha cambiado y se han abandonado la cintura de avispa y las faldas largas. En los años veinte se adopta, por primera vez, la falda corta y la visualización de las piernas. El talle pasa de la cintura a la cadera con lo que el cuerpo de la mujer está más libre y menos marcado. Es el estilo *garçonne* popularizado por las grandes casas de modas de París como Chanel, Patou y Lelon. Las pamelas son sustituidas por sombreros tipo casco llamados *Cloche* y los zapatos pasan a ser muy escotados.[34] Los modistos intentan imponer una figura unisex, con la masculinización de la ropa. El abrigo sustituye a los mantones y los chales y aparecen los pantalones para las mujeres. En cuanto a los complementos, en 1925 se produce un hecho revolucionario para la moda ya que se celebra en París la Exposición Internacional de Artes Decorativas e Industrias Modernas. Este hecho influyó de manera notable en las joyas, bolsos, pañuelos y sombreros que pasaron a inspirarse en objetos de arte. Se generaliza el uso de joyas falsas que reproducen formas relacionadas con las artes decorativas como los broches Art Deco. Se ponen de moda los *clutches* o bolsos de mano y las bomboneras. Todo esto acompañado de mucho maquillaje y cejas muy finas.

En la revista *Estampa* existe una sección dedicada a la moda denominada "Eva. Páginas de la Mujer" firmada inicialmente desde París por expertas en moda femenina como Lucie de Max, Margueritte Chouineau y

---

34 Boucher. F. (2009). *Historia del traje en occidente*. Barcelona: Gustavo Gili, p. 398.

María Teresa Fontanar. En mayo de 1928 el nombre de la sección cambia y pasa a denominarse: "Página de la mujer. La moda en París". A finales de 1928, coincidiendo con la salida de *Estampa* de Antonio González Linares, la sección pasa a manos de Magda Donato, seudónimo de Carmen Eva Nelken (1898-1966), hermana menor de la más conocida diputada Margarita Nelken, militante socialista, elegida en las Cortes Constituyentes en 1931. En ella se reconoce el modelo de "Mujer Nueva", que pone en tela de juicio la idea tradicional de feminidad basada en el "ángel del hogar" con sus propias actitudes, estilo de vida y liberalización de sus costumbres.

En el primer número de *Estampa*, en la sección "EVA. Páginas de la Mujer" vemos a una actriz francesa vestida con elegancia parisina y luciendo abrigo y una toca en dos colores. Es una imagen de la nueva moda muy sofisticada que supone uno de los atractivos de las revistas gráficas de toda Europa en estos años [imagen 4].

En la imagen 5 precedente vemos a una mujer que muestra claramente sus piernas y que posa cómoda y dinámica, con mirada directa y despreocupada a la cámara. Está preparada para el deporte, una de las actividades relacionadas con la modernidad de estas mujeres que ocupan un espacio público con actividades en las que ellas son las protagonistas.

Unido a la falda más corta y a la visualización de las piernas están las medias que se convierten en un icono de erotismo que aprovecha sobre todo el cine y la novela sicalíptica. Es una de las imágenes que aparecen mucho en la publicidad de las revistas gráficas y que se incorpora a la forma de vestir de las mujeres jóvenes y de la más alta sociedad. Vemos una imagen de publicidad de medias de una sedería de Madrid [imagen 6].

Conforme nos vamos acercando a los años treinta la moda sufre un cambio paulatino que va desechando la imagen masculinizada y se convierte en más femenina. Las siluetas se afinan y se crean vestidos con estructuras frescas, drapeados y pliegues que se abren en la parte de abajo aportando mucho movimiento. El desarrollo de las fibras sintéticas hizo que la seda artificial fuera mucho más económica, así como el poliéster y el nylon, por lo que las medias pudieron ser más asequibles. Las faldas se alargan, se entalla la cintura, el sombrero se agranda y el corte de pelo es un poquito más largo, con sofisticadas ondas. El punto fuerte de sensualidad lo ponen los pronunciados escotes y las espaldas al aire. Volvieron las curvas a la moda y el arreglo de prendas, para darles un segundo uso y las confecciones caseras fueron una necesidad en tiempos de crisis.

Imagen 4. Sección: "Eva. Páginas de la mujer". *Estampa* (1928)

Representaciones de la "mujer moderna" a través de la revista *Estampa*, de 1928 a 1931

Imagen 5. Sección: "Eva. Páginas de la mujer". *Estampa* (1928)

Imagen 6. *Estampa* (1928)

Representaciones de la "mujer moderna" a través de la revista *Estampa*, de 1928 a 1931

Imagen 8. *Estampa* (1930)

Imagen 7. *Estampa* (1930)

Podemos ver en estas imágenes de la sección "Páginas de la mujer", a cargo de Magda Donato, estos cambios en los trajes de noche y en los diseños de tarde. Los talles han vuelto a la cintura. Se ha perdido todo juego con la masculinidad en el vestir y en los peinados [imágenes 7 y 8].

Las melenas onduladas se han alargado y recuerdan menos al estilo *garçonne*.

Los llamados "pijamas" son pantalones anchos que se llevan mucho en esta época, sobre todo por actrices de cine, como es el caso de Alice Lorraine [imagen 9].

La imagen de la "mujer moderna" se aprecia también en la publicidad de las revistas gráficas que utiliza esta apariencia de la nueva mujer y sus atributos para crear una subjetividad deseable y una estética nueva. Un ejemplo es la publicidad del jabón de tocador Heno de Pravia[35] en la que se ve la mano de una

35   *Estampa,* 6, (7/02/1928), p. 29.

Imagen 9. *Estampa* (1931)

Representaciones de la "mujer moderna" a través de la revista *Estampa*, de 1928 a 1931

Imagen 10. *Estampa* (1928)

mujer fumando. Se trata de una de las actitudes de la llamada "mujer moderna" que adopta esta costumbre siempre asociada a los varones y la hace suya como símbolo de modernidad y de libertad. Es una publicidad que presenta a "mujeres elegantes" que usan cosméticos y suaves jabones de tocador. Es evidente que la imagen que se aparecía en estos anuncios no es la de la mayoría de las mujeres españolas de estos años. Simplemente representa una nueva subjetividad que empieza a estar en el subconsciente colectivo de las mujeres de la época y que resulta un modelo más o menos lejano pero deseable. Es una nueva representación de género que se une a otras, no es la hegemónica, pero está cada vez más presente [imagen 10].

Como hemos visto en la publicidad, otro de los rasgos que caracterizan a esta mujer moderna es la costumbre de fumar que se considera un símbolo de modernidad y de independencia. Se relaciona con las mujeres que han accedido al espacio público, ya sea por su ocio unido a su alta posición social o por su profesión. Suele ir unido a mujeres del mundo del espectáculo en el que están aceptadas unas actitudes y formas que no lo están para la mujer dedicada a labores del hogar y que no tiene una proyección pública, no relacionada con sus funciones de cuidadora o acompañante.

Imagen 11. *Estampa* (1928)

En el número 11, de 13 de marzo de 1928, de la revista *Estampa,* bajo el título"¿Deben fumar las mujeres?", se va planteando a unas cuantas artistas la pregunta que da título al artículo. El periodista concluye diciendo: "que hagan lo que quieran… Al fin y al cabo en esto como en lo del pelo corto, como ¡ay!, en todo, han de acabar ellas haciendo lo que quieran".[36] A doble página se recogen fotografías de artistas del espectáculo, actrices y cantantes fumando. Se observa aquí una constatación de que la mujer está cambiando sus roles tradicionales y se está planteando entrar en ámbitos y en costumbres consideradas masculinas [imagen 11].

El maquillaje también se convierte en una de las señas de identidad de la "mujer moderna" que frecuenta el espacio público y quiere ser vista. Es una costumbre que hasta los años veinte se reducía a mujeres relacionadas con el mundo del espectáculo, a prostitutas o a mujeres que trabajaban en locales de ocio nocturno. El resto de mujeres apenas lo hacían o de forma muy disimulada.

36 *Estampa,* 11, (13/03/1928), pp. 23-24.

Imagen 12. *Estampa* (1928)
Sección "Eva. Páginas de la mujer"

En la revista *Estampa,* cada vez con más número de lectoras, se dedican varios artículos a las técnicas y productos de belleza. En 1928, bajo el título "El arte de ser bonita", se explican los procedimientos y las técnicas que lleva a cabo un Instituto de Belleza de París. El concepto de cosmética y de belleza se relaciona con la "mujer moderna", urbana, sofisticada que se maquilla para tener un aspecto muy cuidado, elegante. Como ha puesto de relieve Kathy Peiss, "el maquillaje fue para la mujer moderna una forma verdadera de autoafirmación individual que puso al descubierto la transformación de su personalidad y la incorporación del coqueteo y de la seducción activa a la imagen pública de la mujer moderna".[37] Esto supone una nueva visión de la mujer que no se basa en el recato y el recogimiento sino que se muestra y se exhibe en el espacio público y es protagonista del juego sexual con el coqueteo y la insinuación. Es una imagen de mujer sofisticada que se va incorporando poco a poco a las costumbres de la mujer elegante de clase alta y que cada vez más jóvenes van aproximándose a ella [imagen 12].

Para defensoras de planteamientos feministas como es el caso de Carmen de Burgos, el cuidado de la belleza es un derecho de la mujer. En su libro *La mujer Moderna y sus derechos* (1928), escribe que "el feminismo ha proclamado el derecho de la mujer a cuidar su belleza" y reconoce que "el poderse vestir y pintar a su gusto, sin disimulo, es una de sus grandes conquistas.[38] Las contemporáneas aprecian en estos cambios estéticos una liberación respecto al arquetipo de género de la mujer centrada en la domesticidad, que se recluye en el hogar y no considera la moda y el cuidado de la belleza algo propio de

---

37 Peiss, Kathy. (1998). *Hope in a Jar: The Making of America's Beauty Cultur.* New York: Metropolitan Books, p. 34.

38 De Burgos, C. (1928). *La mujer moderna y sus derechos.* Valencia: Sempere, pp. 258-259.

mujeres que cumplen con los presupuestos de lo que se considera la decencia y la virtud. Romper con este modelo supone, para la mujer de los años veinte, una mejora en su estatus y en su consideración, algo que puede interpretarse, en este contexto, como una de las expresiones del feminismo.

También el control del cuerpo y el cuidado de la línea van de la mano de este nuevo arquetipo de género que supone una notable transformación estética. Magda Donato, publica un artículo bajo el título: "Footing". El tema que trata es el deporte cotidiano femenino para mantener la línea, tener salud y belleza. Recojo aquí un fragmento:

> nosotras, todas, efectuamos diariamente ejercicios de cultura física sin darnos cuenta; pues no supongo que usted, señora, cometa el pecado de lesa belleza, salud y de lesa línea, de no efectuar diariamente, una o dos horas de footing, vulgo marcha. Como todo deporte que se respeta, la marcha tiene su propio vestuario y también su color, que este año es el azul.[39]

Es en estos años cuando la mujer toma conciencia de la necesidad de controlar su cuerpo para tener una apariencia acorde con la moda. Es lo que Miren Llona llama el "yo espejo",[40] es decir, el ser que no puede existir al margen de la mirada de los otros y que se convierte en parte constitutiva del yo y en fundamento de la autoestima personal. Esta necesidad de tener una imagen perfecta y controlada perdura hasta convertirse en una de las esclavitudes de la mujer de los siglos XX y XXI. Ya Carmen de Burgos planteaba en *Arte de la elegancia* (1918) la continencia como algo deseable y que es la clave del éxito de la mujer. Lo expresa de esta manera: "La elegancia, la belleza, la salud y con frecuencia la fortuna son el premio de la continencia".[41]

Asistimos también en 1931 al nacimiento en España de las clínicas de cirugía estética. *Estampa* dedica un artículo a este tema, titulado: "Señora, si quiere usted ser más bella…".[42]

> La infeliz que nacía fea tenía la pavorosa e irremediable perspectiva de serlo cada día más. (…) El mundo femenino se dividía entonces en dos bandos: las guapas y las feas. Ahora, por fortuna, la ciencia permite desertar a quien quiera de este último. ¡Y, naturalmente, no hay muchas que quieran quedar en él![43]

---

39 *Estampa*, 41, (2/10/1928), p. 14.

40 Llona, M. (2020). "Los otros cuerpos disciplinados. Relaciones de género y estrategias de autocontrol del cuerpo femenino (primer tercio del siglo XX)". *Arenal*, 14, p. 91.

41 De Burgos, C. (1918). *Arte de la elegancia*. Valencia: Prometeo, p. 25.

42 *Estampa*, 161, (07/02/1931), p. 10.

43 Ibíd.

Queda clara la importancia creciente que se le da a la belleza en estos años. La "mujer moderna" se identifica con la imagen que quiere proyectar de sí misma en el espacio público y dedica su esfuerzo a mejorarla.

Esta nueva representación de género alternativa y nueva respecto a las representaciones y arquetipos venidos del siglo anterior unidos a la domesticidad, produce un cierto temor en los sectores más conservadores de la sociedad por la pérdida de los valores de la mujer tradicional española. Nerea Aresti reconoce que:

> una legión de moralistas laicos produjo un enorme volumen de discursos dirigidos a condenar el nuevo modelo y redefinir los ideales de género. La temida indefinición sexual fue combatida con una propuesta de extrema sexualización del mundo a través de un concepto de género reforzado y renovado.[44]

Los rasgos de masculinidad en el aspecto de la mujer moderna y su ocupación de espacios públicos, junto con sus actitudes poco acordes con el recato hacen temer la pérdida o alteración de la diferencia sexual y esa temida "indefinición sexual" de la que habla la autora de la cita precedente. La reacción hacia una posibilidad de "tercer sexo" unido a la mujer moderna, produce discursos tendentes a reforzar la diferencia entre los sexos y la vuelta a imágenes de género muy sexualizadas y nada masculinizadas. Se llevan a cabo movimientos contrarios a la apariencia y la visualización de la "mujer moderna". Estas respuestas a la modernidad se basan en la defensa de las formas de vestir tradicionales y consideradas típicamente españolas, postura en la que se encuentra también la Iglesia Católica y el movimiento de Acción Católica.[45] Los obispos llegaron a redactar una Carta pastoral colectiva el 30 de abril de 1926 sobre la forma de vestir de las mujeres, la pérdida del recato y la corrupción de costumbres. Consideraban que "el antiguo españolismo profundamente cristiano" estaba siendo desplazado por un corruptor "extranjerismo modernista".[46]

La portada de la revista *Estampa* del 5 de junio de 1928, con el título "El Mantoncillo",[47] está dedicada a un grupo de jóvenes vestidas con

---

44 ARESTI, N. (2007). "La mujer moderna, el tercer sexo y la bohemia en los años 20". *Dossiers Feministes*, 10, p. 173.

45 LLONA, M. (2020). "Los otros cuerpos disciplinados. Relaciones de género y estrategias de autocontrol del cuerpo femenino (primer tercio del siglo XX)". *Arenal*, 14, p. 13.

46 FRANCES, L. (1999). "Los cuerpos de las mujeres y el cuerpo político católico: autoridades e identidades en conflicto en España durante las décadas de 1920 y 1930". *Historia Social*, 35, pp. 65-80.

47 *Estampa*, 23, (05/06/1928), portada.

mantón negro. En el pie de foto se comenta que hay una "cruzada" por la vuelta de este tradicional mantón y la relacionan con un rechazo a la nueva moda del abrigo que viene del extranjero. Se trata de la expresión del temor a la *garçonne* o a la *flapper*. También en la portada del número 28 se defiende la vuelta del mantoncillo.

Este rechazo a la "mujer moderna" se plasma también en el temor a la masculinización y a que los arquetipos de género sean trastocados. Esta idea se aprecia en el artículo que la revista *Estampa* dedica a Violeta Morris, que fue una atleta francesa nacida en 1893 y que falleció en 1944. Su lesbianismo reconocido no le permitió representar a Francia en los Juegos Olímpicos de Amsterdam de 1928. Posteriormente fue colaboradora del régimen Nazi y actúo como espía y acabó muriendo a manos de miembros de la resistencia francesa. Protagoniza un artículo titulado "La mujer que se ha vestido de hombre" en el que el periodista José Ignacio de Arcelu relata la historia de Violeta que empezó siendo "artista de varietés" y luego se convirtió en automovilista. Ella lo expresa de la siguiente manera: "Yo tengo aficiones varoniles, costumbres varoniles... ¿Por qué, entonces, no usar el traje varonil también? Este traje es, además, mucho más cómodo y más higiénico que el de las damas".[48] El reportaje termina presentando a la protagonista como un ser excéntrico y que se despide "gritando que ella es igual que los hombres; que ella quiere vivir como los hombres...".[49]

Es importante apreciar cómo en 1929, que ya se había asimilado a la *garçonne* como imagen y la moda había cambiado imitando a esta mujer que juega con algunas características de la indumentaria masculina, se produce un rechazo tremendo y una burla de una mujer que ha dado un paso más vistiéndose de hombre totalmente. La actitud de esta mujer ha entrado en el aspecto más rechazado en la ideología de la revista *Estampa*, la masculinización. Esto supone la pérdida de los atributos que la hacen diferente al hombre y, por tanto, la igualación total con él. El periodista piensa que es la novela *La Garçonne* de Víctor Margueritte (1922) la que ha llevado a las mujeres modernas a desafiar los rígidos esquemas de la diferencia sexual. Se queja de que por causa de la popularidad de esta novela las mujeres modernas hayan sido aceptadas por gran parte de la sociedad [imagen 13]. Lo expresa de esta manera: "las muchachas huesudas y de voz bronca que fuman tabaco fuerte tienen sicología y todo, pues resulta que las muchachas

48 *Estampa*. 63. 19/03/1929, p. 3.
49 Ibíd.

He aquí a doña *Violeta Morris*, «*la mujer que se ha vesti= do de hombre*», *a la puerta de su tienda de accesorios.*

Imagen 13. *Estampa* (1929)

huesudas y de voz bronca, en lugar de verse por las ferias andan por ahí con aire altivo".[50] Esto supone un claro rechazo a la nueva mujer que, además de cambiar sus vestiduras, ha ocupado espacios tradicionalmente masculinos, ha abandonado su reclusión en el hogar y, como en el caso de la citada novela, tiene una actitud ante la pareja y ante la sexualidad muy libre y, por tanto, similar a los varones.

Nerea Aresti ha afirmado que "En ocasiones, el desorden de género fue percibido en términos de inversión del orden jerárquico entre hombres y mujeres".[51] Esta situación produce temor a la subversión de la relación entre los sexos. La mujer moderna con sus cambios en los atuendos y en las actitudes hace pensar a los contemporáneos que va a ocupar el lugar de privilegio que ocupan los hombres. La citada autora recoge algunas declaraciones de contemporáneos que demuestran estos temores.

> Se dirá que la mujer no pretende que la preponderancia del hombre sea substituida con la suya, sino que se establezca un régimen de equidad y de equilibrio entre los dos sexos. Pero el péndulo no está en la normal más que en el instante en que pasa de una posición oblicua a la otra.[52]

También recoge la citada historiadora una frase de Quintiliano Saldaña de 1929: "un carnaval, en el que ellas se visten con nuestros trajes, lucen masculinos tocados".[53]

Con los años treinta se va imponiendo el rechazo a la masculinización, a la mujer activa que ocupa espacios y actitudes masculinas, y se percibe una vuelta a la mujer delicada, que es feliz con las tareas del hogar, sencilla y menos sofisticada. La imagen de la mujer de estos años es menos transgresora, más sobria, reproduce atributos de género como la serenidad, la dulzura y la elegancia. Más que jóvenes al volante o practicando deporte encontramos muchos artículos dedicados a los concursos de belleza. Un ejemplo es el artículo titulado "La apacible vida hogareña de Pepita Samper",[54] en el que se habla de una de las participantes en el concurso de "Mademoiselle España" que es un certamen de belleza. De ella se dice que lleva una vida sencilla y doméstica,

50 *Estampa*, 63, (19/03/1929), p. 3.

51 ARESTI, N. (2007). "La mujer moderna, el tercer sexo y la bohemia en los años 20", pp. 173-185. *Dossiers Feministes,* 10, p. 5.

52 LICKEFETT, C. (1925). "La cuestión del feminismo". *Sexualidad,* 15. Citado en ibídem, p. 5.

53 SALDAÑA, Q. (1929). *Siete ensayos sobre sociología sexual.* Madrid: Mundo Latino. Citado en ARESTI, N. (2007). p. 5.

54 *Estampa*, 195, (3/10/1931), pp. 5-6.

ayudando al negocio de su familia y viste con rigurosos luto. La entrevista la ilustran fotografías que resaltan esa actitud que la lleva a huir de la gran ciudad y disfrutar de la vida en el pueblo con su familia. Nada que ver con la mujer moderna de los años veinte.

En octubre de 1931, mientras se está debatiendo en el Congreso de los Diputados el derecho al sufragio femenino, en la revista *Estampa* se siguen publicando artículos sobre la mujer moderna que sigue siendo considerada como algo transgresor y peligroso para el mantenimiento de los roles sociales tradicionales de los géneros. En el artículo titulado "¿Cuál es el mayor defecto de la mujer moderna?. ¿Y su mayor cualidad?", los varones contestan que los defectos de la mujer moderna radican en: "la coquetería", "el empleo equivocado de las libertades que han sabido conquistar", "quieren parecerse demasiado a nosotros los hombres, precisamente en nuestros defectos", "se pintan demasiado", "la poca afición al hogar", "la inconstancia amorosa", "la infidelidad".[55] Estas respuestas indican que la "mujer moderna", que ya lleva años apareciendo en las revistas, sigue planteándose como una representación que entraña peligro para el mantenimiento del estatus en el que el varón tiene el poder. Estos hombres que responden, temen, en primer lugar, la posibilidad de que la coquetería y el "pintarse demasiado" puedan hacer perder a la mujer sus atributos de honestidad, fidelidad, prudencia y recato. Por otra parte, consideran también negativas las "libertades que han conquistado", por el mal uso que pueden hacer de ellas. Se sigue temiendo que la mujer disfrute de su libertad, dada su falta de valores morales, que le permitan actuar correctamente y, por supuesto, siguen considerando negativo que la mujer se aleje del hogar, ámbito en el que se considera que debe ejercer sus funciones y velar por su buen funcionamiento. En el fondo, subyace la siempre rechazada igualdad con el hombre que, según un informante, podría ocasionar que acabasen imitando los defectos masculinos.

La mujer moderna como representación ha estado muy presente en la publicación estudiada entre 1928 y 1931, pero no ha llegado a asumirse del todo como una nueva forma de vivir y mostrar la feminidad. Aunque la imagen de la mujer moderna en las revistas, la publicidad y el cine es algo cotidiano, se sigue considerando un peligro esta modernidad que puede subvertir los roles de género y alterar la noción binaria de la diferencia sexual concebida en estos años como "natural".

---

55   Ibíd., p. 6.

3

Mujeres en el espacio público

Antes de abordar este aspecto de la modernidad es necesario plantearse la naturaleza histórica de la dicotomía entre espacio público y privado. Como ha demostrado la historiadora María Jesús Fuente en su artículo "Cruzando el umbral. Mujeres en el proceso de paso del espacio privado al público" (2008), no está clara esa división a lo largo de la Historia. Las actividades económicas, culturales, religiosas, consideradas públicas no siempre han estado asociadas al espacio público. La economía no se desarrollaba en un ámbito distinto al hogar en las casas-taller o casas-tienda y mucho menos en las labores agrícolas. Según esta autora, "no aceptar la escisión estricta de las esferas pública y privada es lo apropiado al estudiar la historia de las mujeres, especialmente cuando se estudian tiempos alejados".[56]

Es en el momento de separación total del taller y la casa, cuando la unidad familiar deja de ser una unidad económica de producción y cuando la mujer queda excluida de la producción económica familiar. Es con la industrialización y con el ascenso social de la burguesía cuando el ideal de la mujer unida al espacio doméstico cobra importancia. Por esta razón, es en el siglo XIX cuando se generaliza el arquetipo del "Ángel del hogar". Esto, siguiendo a Mary Nash (2000),[57] supone reforzar las prácticas sociales excluyentes y las creencias de que los valores culturales y los códigos de conducta social son diferentes para los hombres y las mujeres. La consecuencia de esta separación es la situación que describe Mary Nash:

---

56 Fuente, M. J (2008). "Cruzando el umbral. Mujeres en el proceso de paso del espacio público al privado". En Montserrat Huguet, M. y González Marín, C. (Editoras). Género y espacio público. Nueve Ensayos. Madrid: Dykinson, p. 86.

57 Nash, M. (2000). "Género, identidades urbanas y participación ciudadana. En torno al 11 de septiembre". *Historia Contemporánea*, 21, p. 319.

De esta manera, la construcción de la sociedad contemporánea quedó vertebrada por diferentes lógicas de exclusión que obstaculizaron la admisión de las mujeres dentro de la categoría de sujeto político, ciudadana y agente social en los espacios públicos.[58]

Este paradigma de domesticidad y reclusión es cuestionado en los años veinte del siglo XX, cuando la presencia pública de la mujer se presenta como un logro y un intento de ampliar sus posibilidades de ocio, deportivas, profesionales y, por lo tanto, políticas.

De manera paulatina, vemos a las mujeres de las primeras décadas del siglo XX conquistar espacios que les estaban vedados o en los que solo tenían presencia como acompañantes o cuidadoras, pero nunca como protagonistas. A través de los artículos y fotografías de la revista *Estampa,* podemos ver cómo la mujer ocupa espacios de ocio, de deporte, accede a la educación, a puestos de trabajo que nunca antes habían estado feminizados y participa en movimientos asociativos desde los que gestiona acciones relacionadas con la cultura y la educación, la beneficencia y la reivindicación de derechos y espacios femeninos.

3.1. El deporte y el ocio

El deporte es uno de los ámbitos en los que se representa esta "mujer moderna" que toma conciencia de su ocio y de su actividad deportiva de forma personal. Esta actividad tiene en estos años tanto un sentido de ocio, como de mantenimiento de la forma física en la mujer. Las dos actitudes están muy unidas a la "mujer moderna".

Son muchos los artículos que la revista dedica a la deportista como ejemplo de "mujer moderna" que ocupa el espacio público. Tanto el deporte de competición como el de ocio están presentes y se reconocen como símbolo de modernidad y de alta posición social. En la portada del n.º 2 de *Estampa* vemos una imagen que resume esta idea, se trata de una mujer esquiadora que viste con los atuendos propios de la mujer activa, urbana, deportista y unida a un automóvil como símbolo de movilidad y libertad [imagen 14].

---

58   Ibíd., p. 320.

Imagem 14. *Estampa* (1928)

También en el número 11, de 13 de marzo de 1928,[59] se puede ver una imagen de mujeres que han participado en un torneo de esquí. Esta es una actividad que atañe a las mujeres de extracción social alta que siempre aparecen

59   *Estampa,* 11, (13/03/1928), p. 9.

en esta revista como algo curioso, esporádico, elegante y moderno. Otra portada de 22 de enero de 1929 se dedica también a dos esquiadoras en la sierra madrileña. Proyectan la idea de mujeres intrépidas, valientes y activas, que tanto gustan a los lectores, lectoras y redactores de las revistas gráficas en este final de los años veinte. En el pie de foto se puede leer: "Se acabó el miedo al frío. Vean ustedes esta bonita pareja de muchachas madrileñas, calzadas con skis, corriendo por la sierra y practicando los bellos deportes de invierno".[60]

Otro de los deportes que también empieza a feminizarse en estos años es el tiro. Se recogen fotografías de mujeres tirando con rifles en un concurso.[61] También el tenis es uno de los deportes de las mujeres de la alta sociedad. La revista publica imágenes de un torneo de tenis en el que participan miembros de la aristocracia y la Familia Real. Se dedica una página entera a este evento deportivo femenino que tiene lugar en el Real club de Puerta de Hierro.[62]

La imagen de deporte femenino que se proyecta en la revista es siempre la de algo infrecuente y sin consideración en las secciones deportivas de la publicación que siempre están dedicadas al deporte masculino. Estas imágenes aparecen como curiosidades de "distinguidas señoritas" y se acompañan de comentarios sobre su belleza.

En *Estampa* se visualiza repetidamente el ocio deportivo de la mujer de alta sociedad que despierta un gran interés, sobre todo gráfico, al exhibir mujeres elegantes, con una cierta modernidad en sus costumbres públicas, algo que, obviamente, contrasta con la mayoría de las lectoras de la publicación que no tienen acceso a estas actividades pero que gustan de verlas en estas publicaciones gráficas. En el Hipódromo de la Castellana, con motivo de una prueba de amazonas, se realiza un reportaje sobre estas mujeres con imágenes elegantes y sofisticadas de estas amazonas montando a mujeriegas como se hacía en ese momento[63] [imagen 15].

Nos encontramos con una mujer que ha recortado su falda y su pelo y que se muestra en público haciendo deporte, montando en automóvil o paseando por la ciudad y que, claramente, no es la mujer del siglo XIX que tenía vedado el espacio público y siempre tenía reducidas sus apariciones

60 *Estampa*, 55, (22/01/1929), portada.
61 *Estampa*, 23, (05/06/1928), p. 50.
62 Ibíd., p. 52.
63 *Estampa,* 25, (19/6/1928) , p. 7.

Imagen 15. "Amazonas en la Castellana". *Estampa* (1928)

en el exterior, existiendo muchos lugares no aptos para ella. De estas apariciones no podemos inferir que en los años veinte desaparezca el prototipo de mujer recluida en casa, sino que aparece otro modelo, cada vez más considerado y más presente en el imaginario colectivo, que existe con consideración de novedoso y de "moderno" y que afecta a las aspiraciones de las muchachas que sienten una subjetividad diferente hacia su futuro. Supone una renegociación de la diferencia sexual.

La revista *Estampa* en sus primeros ejemplares de 1928 recoge muchos momentos de mujeres al volante o mujeres aviadoras como símbolo de modernidad, de independencia, de ocupación de espacios y actitudes tradicionalmente masculinos y de visualización pública.

En la portada del número 39 de *Estampa* y en las páginas 2 y 3, aparece un reportaje de la primera mujer aviadora de España. Se trata de una aristócrata hija del marqués de los Altares llamada María Bernaldo de Quirós que fue la primera mujer en España en conseguir el título de piloto de la aviación.[64] En el mismo número, se recoge la imagen triunfante de la piloto Miss Gracce Lyon. En el pie de foto se puede leer un texto que dice "muchas son las mujeres que han demostrado su valor y su pericia, intentando y realizando magníficas travesías aéreas".[65]

El automóvil es uno de los signos de modernidad de la mujer. Sobre todo en las competiciones y exhibiciones automovilísticas se puede ver a mujeres al volante. La revista *Estampa* dedica un reportaje a la "Fiesta automovilística del Retiro" en el que son muchas las mujeres que participan y las fotografías están dedicadas a ellas. Los comentarios del periodista hacen siempre referencia a la belleza de las automovilistas "Desfilan seguidamente hasta cuarenta y dos automóviles de lujo, conducidos algunos de ellos por muchachas bellísimas".[66]

El tratamiento que recibe la mujer deportista o que se atreve a integrarse en el mundo del automóvil o la aviación en *Estampa* suele ir acompañado de un claro y manifiesto interés por demostrar que la mujer no ha perdido su feminidad. Son mujeres que, aunque practiquen actividades consideradas masculinas, no pierden los atributos propios del arquetipo de género vigente en la época, como son la gracia, el atractivo físico, su actitud de juego erótico y de ingenuidad ante los retos deportivos. Un ejemplo de esta consideración lo tenemos en la portada de la revista *Estampa* en el número 26 a página completa en la que vemos a un árbitro besado por dos jugadoras de fútbol. En el pie de foto se bromea con la dureza de la profesión de árbitro y la situación que aparece en la foto. Bajo el título "Un árbitro envidiable",[67] se puede leer: "Se trata de un partido entre dos equipos femeninos, cuyas capitanas saludan al juez del torneo de la envidiable manera que ustedes pueden ver". Esta es la forma en la que el deporte femenino aparece en primera plana en una publicación gráfica, no por su interés deportivo sino por el momento de un beso doble a un árbitro por parte de dos jugadoras.

En la publicidad también aparece la deportista como icono de belleza y distinción. A la vez que va desapareciendo la representación de mujer

---

64 *Estampa,* 29, (25/09/1928), pp. 1, 3 y 4.
65 Ibíd., p. 23-24.
66 *Estampa*, 74, (19/06/1929), p. 34.
67 *Estampa,* 26, (26/06/1928), portada.

angelical, dulce y en actitud serena, aparece esta nueva imagen dinámica, activa y urbana que vemos en este anuncio de agua de colonia [imagen 16].

En un artículo dedicado totalmente al deporte femenino en el número 47 de la revista *Estampa* de 20 de noviembre de 1928, bajo el título: "La mujer en el deporte. Eva se ejercita para ser ágil y fuerte", se puede leer: "La mujer se ha incorporado desde luego al gran movimiento deportivo del siglo, como se ha incorporado a todas las actividades, con ese desapoderado afán de igualarse al hombre, que es la característica del feminismo como doctrina imperante en todo el orbe".[68] El periodista A. Díez de las Heras comienza aludiendo a la importancia que tiene el deporte femenino en la consecución de la igualdad con el hombre y en el feminismo. Son muy conscientes los contemporáneos de que la incorporación de la mujer a muchas de las actividades casi totalmente masculinizadas en el siglo anterior, supone un cambio que ellos consideran imparable y que según escribe Díez de las Heras afecta a "todo el orbe". Esto es admitido como feminismo. Existe un discurso de reconocimiento del feminismo como algo que está muy presente en los comienzos del siglo XX. El término alude a la presencia de la mujer en el espacio público, aunque no sea ni mucho menos en situación de igualdad con el varón.

Los estereotipos de feminidad relacionados con "Belleza, Gracia, Armonía"[69] que son considerados por el autor del artículo propios de la mujer, están bien vistos en el deporte, pero son rechazados todos los que se relacionen con la fuerza violenta, el dolor físico y la agresividad que son considerados atributos masculinos. La mujer debe mantener siempre su diferencia, nunca igualarse al varón o masculinizarse, para que su presencia sea admitida en estas actividades. Existe temor a la confusión de los sexos. Sigue siempre presente, en estos años, la consideración de las diferencias biológicas defendidas por la ciencia y que se presentan como causantes naturales de las actitudes y características femeninas. En el artículo se reconocen como deportes en los que la mujer nunca debería participar la "lucha, boxeo, fútbol asociación y rugby". En su explicación se dice que estos deportes "deberán repugnar siempre a la mujer (hablamos de la mujer, no del marimacho)".[70] El temor a la masculinización o a la total igualdad en las posibilidades deportivas está presente en este tipo de artículos que se presentan habitualmente como feministas. Una

---

68 *Estampa*, 47, (20/11/1928), p. 25.
69 Ibíd.
70 Ibíd.

Imagen 16. *Estampa* (1928)

prueba más de esta idea es el pie de foto de una escena de lucha deportiva femenina en la que se puede leer: "El espectáculo lamentable, sin atenuantes, de dos luchadoras profesionales".[71]

El cambio en los patrones del ocio femenino hace que algunas actividades nunca practicadas por mujeres como, por ejemplo, el Póker se convierta en una de las representaciones de "mujer moderna" que ocupa lugares, actividades y actitudes propias de hombres. En la revista *Estampa* se dedica un artículo a las jugadoras de Póker, por supuesto con dinero, que están proliferando en estos años. Hasta ahora las mujeres no jugaban este tipo de juegos, por eso el periodista las presenta como innovadoras y se plantea el hecho de que jueguen a un juego que mueve mucho dinero:

> —¿Para qué querrán dinero las mujeres? (No fuman, no beben, no juegan, y son mujeres ellas mismas). Al presente, sin embargo, necesitan el dinero tanto como nosotros. Con los avances del feminismo, han adquirido la Independencia de los hombres; y, ¿cómo entonces, no jugar también?[72]

Estos comentarios pertenecen a ese discurso tan leído en la prensa gráfica de que las mujeres están igualándose cada vez más al hombre debido al siempre nombrado "feminismo".

3.2. Presencia de mujeres en los estudios superiores

La revista se hace eco, en muchas ocasiones, de la presencia de mujeres en la Universidad. Trata este hecho como algo novedoso, esporádico y curioso. En la mayoría de los artículos o imágenes se transmite una opinión favorable a este hecho. Tras la apertura oficial para las mujeres de los estudios superiores, llevada a cabo en 1910, la población universitaria femenina representaba en 1920 el 2 % del total: 439 alumnas, que pasaron a ser 1681 en 1927.[73] El número es reducido pero se aprecia un importante incremento en estos años.

Luis González de Linares, colaborador de *Estampa* hasta que en 1934 se convierte en redactor jefe de *Crónica* y en 1935 en director de *Mundo Gráfico,* escribe un artículo titulado "Cuando las mujeres empezaban a estudiar.

---

71 Ibíd.

72 *Estampa,* 55, (22/01/1928), p. 4.

73 Aguado Higón, A y Ramos Palomo, M. D. (2008). "La modernidad que viene. Mujeres, vida cotidiana y espacios de ocio en los años veinte y treinta". *Arenal,* 14, p. 270.

Las primeras mujeres en la Universidad", en septiembre de 1929. En él realiza una entrevista a doña María Goyri, filóloga, escritora, investigadora junto con su marido Menéndez Pidal y profesora en la Asociación para la Enseñanza de la Mujer. Su compromiso con la promoción y educación de las mujeres la llevó a colaborar con el Instituto-Escuela, con la Junta de Ampliación de Estudios y con la Institución Libre de Enseñanza. El artículo trata sobre la llegada de las primeras estudiantes a la Universidad y se inicia de este modo:

> Fue en los últimos años del pasado siglo cuando un acontecimiento extraordinario turbó la vida quieta de la Universidad de Madrid. El caso no era para menos y justificaba plenamente los corrillos, hervideros de comentarios, que se formaban en las aulas, en los pasillos y en las secretarías de las Facultades. '¡Es intolerable!', gritaban los hombres partidarios del absolutismo masculino. Intolerable, porque representa el fin de la tradicional mujer española, que siempre fue ejemplo de recato y virtudes domésticas, rectificaban los moralistas. Y algunos espíritus irónicos sentenciaban: '¡Pobrecitas! Creen que una carrera es tan fácil como hacer bolillos. ¡Ya verán en los exámenes! ¡Ya verán!'.[74]

Vemos como en 1929 se mofa el periodista de los "hombres partidarios del absolutismo masculino" y presenta como algo muy positivo el hecho de que se iniciaran en los estudios universitarios las primeras mujeres en el siglo XIX. Los hechos que se relatan corresponden al año 1882, cuando María Goyri quiso acceder a la Universidad desde la Escuela Normal. Para esto necesitaba que le convalidasen las asignaturas de esta Escuela por las del Bachillerato. Esto se hacía normalmente para los varones pero no para las mujeres. Lo relata del siguiente modo:

> Como verá usted, la petición no podía ser más justa. ¡Pues hubo una infinidad de protestas! —¿Y en qué se fundaban para establecer una diferencia tan absurda?—En lo de siempre. Sesudos y doctos varones recordaron la famosa frasecita de Schopenhauer, asegurando que las mujeres éramos unos animalitos de cabellos largos e ideas cortas.[75]

Consiguió por fin esta convalidación e ingresó en la Universidad. En el artículo cuenta cómo tenía que permanecer siempre apartada de los demás estudiantes y el catedrático tenía que ir a buscarla y sentarla a su lado para que no se produjesen altercados entre los demás alumnos. Ella, sin embargo, dice: "tengo la satisfacción de declarar que jamás sufrí la menor

74 *Estampa,* 56, (29/01/1929), p. 15.
75 Ibíd.

impertinencia por parte de los alumnos, y que todos observaron siempre las reglas de la más exquisita cortesía".[76]

Estas situaciones que relata la protagonista de la entrevista las considera del pasado. Ella piensa que ahora, en la fecha de la publicación de la entrevista, 1929, todo está cambiando.

> Vaya usted una mañana a la Universidad—dijo la señora de Menéndez Pidal al despedirse de mí—; así podrá usted comprobar que nuestra causa ha triunfado. Yo una mañana he entrado en la vieja casona de la calle de San Bernardo. Mezcladas a los muchachos, centenares de jovencitas discurren por los pasillos. Son muchas.[77]

Vemos de nuevo ese sentimiento de los contemporáneos de estar viviendo una situación de cambio y de acceso de la mujer a parcelas de la vida pública que hasta entonces le habían sido vetadas. La Señora Goyri, después de relatar su lucha por la igualdad académica, explica que la mujer que estudia, como la que trabaja, la obrera que necesita un jornal o que "trabaja de manera bochornosa", no deja de atender a su casa, no abandona las labores consideradas y admitidas como propias del género femenino. Una mujer como María Goyri sigue respetando lo que se consideran roles femeninos. No los cuestiona ni ella ni el periodista. En la revista aparece en una foto pasando una aspiradora por su casa, en cuyo pie se puede leer: "El trabajo intelectual no quita, sin embargo, para que la señora de Menéndez Pidal sepa ser una excelente ama de casa"[78] [imagen 17].

En esta revista, junto a las consideraciones favorables a la incorporación de la mujer a los estudios, en este caso superiores, existe la necesidad de proclamar la no masculinización de estas estudiantes. Bajo el epígrafe "Eterno Femenino" se puede leer al final de este artículo:

> Han terminado las clases. Unas cuantas jovencitas salen precipitadamente a la calle, y una de ellas, agobiada por el fárrago de libros y papeles que lleva debajo del brazo, intenta inútilmente pintarse los labios. Al fin, desesperada, arroja sus textos al suelo, pisa unos cuadernillos que se vuelan y deliciosamente femenina, Eva estudiante pone el fuego del lápiz rojo en el coral de sus labios".[79]

---

76 Ibíd.

77 *Estampa,* 56, (29/01/1929), p. 9.

78 *Estampa,* 56, (29/01/1929), p. 16.

79 Ibíd.

Imagen 17. *Estampa* (1929)

El periodista sentía la necesidad de acabar el artículo sobre la igualdad de la mujer ante los estudios, indicando que esta seguía siendo diferente y no renunciaba a sus atributos de "coquetería" y juego de incitación sexual, que se pretende que sigan identificando a las jóvenes estudiantes.

En muchas ocasiones se visualiza a las mujeres universitarias que ocupan incluso las portadas de la revista *Estampa*, este hecho se tilda de "invasión". Aunque siguen siendo pocas porcentualmente, su presencia se convierte en algo reseñable por la prensa y se considera un inicio de algo que irá en aumento. En marzo de 1928, en la portada del número 11 de *Estampa*, bajo el título "La mujer española en la Universidad", aparece una fotografía a toda plana en la que se puede ver a tres mujeres jóvenes con sombrero y abrigo. Una de ellas con un bolso, otra con un cartapacio y otra con unos folios. Posan sonrientes a la cámara. En el pie de foto se lee:

> Las Universidades españolas son invadidas rápidamente por las mujercitas de ahora, dispuestas a todo, menos a la vida de renunciamiento de otras épocas. Ya no es solo la mujer artista –actriz, cantante, bailarina etc. – la que forma parte de la actualidad y asalta las planas de las revistas. Es también la mujer que trabaja y la mujer que estudia. He aquí, llenando la calle madrileña, con su gracia tan española, tan castiza, a tres muchachitas que salen de la Facultad con sus libros bajo el brazo.[80]

En este caso, el comentario del pie de foto hace referencia a que estas mujeres quieren dejar su "vida de renunciamiento". Se percibe, como ya he expuesto más arriba, esta idea de que la mujer está incrementando su presencia en el espacio público y que eso conlleva el abandono de su vida de reclusión en el ámbito doméstico. Este es el discurso de estos años que entiende que la mujer, no solo la actriz, cantante o bailarina, como era anteriormente, está decidida a mejorar su estatus. En estos momentos, no se plantea como algo transgresor, se acepta como situaciones curiosas y no excesivamente peligrosas para el mantenimiento de los roles tradicionales de género y de la diferencia sexual siempre preservada en los comentarios de los periodistas. También en el número 40 de esta revista se dedica una portada a las jóvenes universitarias. En el pie de foto se lee: "He aquí un delicioso grupo de las nuevas alumnas universitarias que con su presencia, harán sin duda, menos penosos los libros y las clases a sus compañeros".[81]

Vemos reiteradamente los comentarios que hacen referencia a la permanencia entre las universitarias de las características y rasgos de comportamiento que se consideran propios de su arquetipo de género que las mantiene en la diferencia.

---

80 *Estampa*, 11, (13/03/1928), p. 16.
81 *Estampa,* 40, (02/10/1928), portada.

3.3. Mujeres en asociaciones y en política

La mujer que va alcanzando el espacio público, establece relaciones con otras mujeres a través de asociaciones que van teniendo cada vez más una faceta de reivindicación de derechos políticos, de igualdad ante la educación y también de protección de las mujeres y sus hijos en situación de vulnerabilidad. Ya en la década anterior a los años veinte encontramos importantes asociaciones femeninas como la Asociación Nacional de Mujeres Españolas (ANME), creada en 1918 por Consuelo González Ramos y María Espinosa de los Monteros, que reunía a mujeres que se autodefinían como de centro, y la Unión de Mujeres Españolas (UME), situada un poco más a la izquierda, en el ámbito de los planteamientos socialistas, a la que pertenecían María Martínez Sierra y Carmen Eva Nelken.[82] También en 1921 se fundó Acción Femenina liderada por Carmen Karr.

En el seno de la ANME nació en 1919 la JUF (Juventud Universitaria Femenina) cuyos objetivos se centraban en la defensa de los derechos de las mujeres para acceder a los estudios universitarios. Su primera presidenta fue María de Maeztu, clara defensora de la educación de la mujer como medio para su emancipación y su presencia en la esfera pública. Sus contribuciones en este sentido se iniciaron con el impulso que dio a la Residencia de Señoritas entre 1915 y 1936, así como al Instituto Escuela y al Lyceum Club femenino entre 1926 y 1936. Posteriormente, entre los años 1929 y 1936, cuando la presidencia cae en manos de Clara Campoamor, la JUF se compromete más con problemas que trascienden la lucha igualitaria en el ámbito de la educación y abarcan más problemas políticos y sociales de las mujeres.

Clara Campoamor firma un artículo sobre la Federación Internacional de Mujeres Universitarias que se reúne en España con motivo del XII Consejo Internacional. Inicia el escrito diciendo que "Una de las primeras en adherirse a la asociación, apenas iniciada, en 1920 fue España con su asociación Juventud Universitaria Femenina".[83] En 1928 tuvo lugar la XII Conferencia que se organizó en España, que en ese momento ya contaba con casi 1700 mujeres matriculadas en la Universidad.

También en la contraportada del número 39 de *Estampa* aparecen tres imágenes de mujeres del Congreso Internacional de Mujeres Universitarias.

---

82 Ramos, M. D. (2000). "Identidad de género, feminismo y movimientos sociales en España". *Historia Contemporánea.* 21, p. 530.

83 Ibíd.

En el pequeño texto que acompaña a las fotos se considera a este Congreso "un instrumento de paz; un modo de asegurar la fraternidad, el olvido de malquerencias y recelos y rencores entre todos los pueblos de la Tierra. Los enemigos de otro tiempo conviven, se conocen y se estiman".[84] Considera el autor del artículo que la unión de las mujeres de los países que han estado en conflicto supone un intento y logro de paz. Por ejemplo "la representante de Norteamérica, nuestra enemiga de hace treinta años, abraza a dos delegadas españolas, y en la de abajo, la delegada italiana echa su brazo al cuello de la austriaca".[85] Nos encontramos ante la idea de que la mujer representa la paz por encima de los conflictos políticos. Supone la consideración de la mujer como defensora de la vida y de los valores primarios, dejando atrás las enemistades y conflictos políticos.

En el asociacionismo femenino de los años veinte tiene una importante representación el Lyceum Club Femenino, que estuvo activo en Madrid entre los años 1926 y 1939. María de Maeztu fue su impulsora y también directora. Fue fundado en 1926 por un centenar de mujeres de ámbitos culturales ilustrados, siguiendo el ejemplo del primer Lyceum creado en 1904 en Londres por la escritora británica Constance Smedley-Armfield. El objetivo de esta asociación era la defensa de los intereses de la mujer, al tiempo que les facilitaba un lugar de encuentro y promovía su desarrollo educativo, cultural y profesional. Existían clubes similares en otras ciudades como Berlín, París, Bruselas, Nueva York, Roma o La Haya. El club era aconfesional y apolítico, y la admisión como socia estaba restringida a mujeres que hubieran realizado trabajos literarios, artísticos o científicos, participado en causas sociales o poseyeran títulos académicos. Las vicepresidentas eran Victoria Kent e Isabel Oyarzábal. La secretaría recayó en Zenobia Camprubí, Amalia Galárraga era la tesorera, Helen Phillips la vicesecretaria y María Martos de Baeza la bibliotecaria.

Bajo el título "Una visita al Lyceum Femenino" se publican una serie de fotografías entre las que podemos destacar la de una tertulia en los salones del Lyceum club [imagen 18]. A continuación, el periodista da a conocer las características de esta asociación, su historia, sus socias y su obra. Se trata de un club "formado por damas que llevan ilustres apellidos de sus maridos y que dan un elevado tono espiritual al primer casino español de mujeres".[86]

---

84 *Estampa*, 39, (25/09/1928), contraportada.

85 Ibíd.

86 *Estampa*, 23, (5/6/1928), p. 9.

Una tertulia en los salones del Lyceum Club. (Foto Zapata.)

Imagen 18. *Estampa* (1928)

Vemos la extracción social alta de las damas que integran este club. Son mujeres que se han significado por su cultura, profesiones o estudios y, la mayoría de ellas, por ser esposas de hombres importantes de la cultura del momento. Entre ellas hay un buen número de extranjeras debido a la vinculación de esta institución con la Residencia de Señoritas, regentada por María de Maeztu. Este aspecto produce en el Lyceum un carácter internacional y abierto a las acciones y planteamientos de mujeres de otros países europeos y americanos que tienen una importante labor feminista y en pro de la igualdad de derechos.

El periodista hace referencia a la lucha de las asociadas por la igualdad jurídica.

Y, por último, el Lyceum es un defensor constante del mejoramiento de la condición jurídica de la mujer española, y expresó el año pasado sus aspiraciones en un escrito que elevó a la Comisión de Códigos, redactado por las señoritas Victoria Kent y Benita Asas Manterola.[87]

A la vez que se posicionan por la igualdad en el ámbito jurídico, dedican su trabajo a funciones benéficas y obras sociales como "la construcción, en las inmediaciones de la Glorieta de Cuatro Caminos, de la Casa de los Niños, que tendrá por finalidad cuidar gratuitamente a niños de dos a cuatro años de edad, hijos de familias obreras.[88] Son las tradicionales labores de las damas de la alta sociedad que se dedican a la caridad y a los cuidados de los más necesitados. Se trata de apoyos femeninos entre mujeres de muy distinto rango social pero que sienten la necesidad de atender a la mujer en su faceta de madre y de responsable de la casa y la familia. Las mujeres que integran este tipo de asociaciones tienen planteamientos feministas, tanto en el ámbito de lucha por la igualdad política como en la defensa de las madres y sus hijos, lo que supone una mejora en su estatus aunque basado precisamente en la diferencia.

La participación política de las mujeres durante la Dictadura de Primo de Rivera se desarrolla en el ámbito local y en la Asamblea Nacional Consultiva. En ella se reservaban algunos puestos para las mujeres elegidas de forma indirecta desde ayuntamientos y diputaciones. Trece mujeres ocuparon estos escaños de un total de 385 miembros, algunas de las cuales ya eran concejalas.[89]

Magda Donato, seudónimo de Carmen Eva Nelken, hermana de Margarita Nelken, defensora del feminismo socio-político a través de su participación en la UME y "expresión a través de su afirmación profesional de un perfil emancipador y moderno, seguramente modernizador de su tiempo",[90] escribe un artículo sobre las mujeres que forman parte de la Asamblea Nacional Consultiva titulado: "Una pregunta a las señoras de la Asamblea Nacional. ¿Qué leyes cree que deban reformarse?". La periodista pregunta a "damas que tienen asiento en la Asamblea" la pregunta que da título al

---

87 *Estampa*, 23, (5/6/1928), p. 11.

88 Ibíd., p. 10.

89 MORENO GALILEA, D. (2015). "La Asamblea Nacional: un primer intento de participación femenina en la dictadura de Miguel Primo de Rivera (1923-1930)". En CABRERA ESPINOSA, M. y LÓPEZ CORDERO, J. A. (ed. lit.). *VII Congreso virtual sobre Historia de Las Mujeres*. p. 591.

90 BRANCIFORTE, L. (2012). "El feminismo político de Magda Donato", en *Cuadernos Kóre. Revista de Historia y pensamiento de género*, 6, p. 16.

artículo. La opinión de cada diputada de la Asamblea viene acompañada de su foto. La primera es la de la marquesa viuda de la Rambla que se presenta como la primera mujer que habló en un pleno de la Asamblea. Dice que quiere que se reformen "todos aquellos artículos en que no se mantiene el principio de igualdad de los dos sexos ante la ley civil, como lo son iguales ante la ley moral".[91]

María de Maeztu, que es presentada como la "gran pedagoga", contesta, no como asambleísta, sino "como maestra, sencillamente".[92] Reconoce que "mi reforma del Código sería completa, si de ello tuviera que ocuparme; el Código ideal creo que sería el que más se pareciese a un tratado de educación; el único Código que se acerca bastante a este ideal es el inglés".[93]

En estas preguntas que realiza Magda Donato se aprecia el interés que existe por que la legislación española se adapte a los conceptos y pretensiones de igualdad civil y política que recogen los Códigos Civiles de algunos países como Gran Bretaña, aunque existen diferentes sensibilidades y motivos por los que se considera necesaria la reforma de la legislación.

La participación de las católicas en la Dictadura de Primo de Rivera es importante. María de Perales, cabeza visible de Unión de Damas Españolas del Sagrado Corazón, asociación en la que se ocupó de organizar múltiples campañas benéficas, fue miembro de la Asamblea Nacional Consultiva y concejala del Ayuntamiento de Madrid. Desde su presencia activa en la política, considera que el régimen primorriverista está llevando a cabo proyectos de protección de la mujer. Afirma que no cambiaría nada del Código para la protección de la mujer porque "nuestra obra basta y tiene del gobierno una protección suficiente". De este modo evidencia su total acuerdo con la Dictadura de Prima de Rivera. Por otra parte, reconoce que su preocupación radica en la moda femenina que es lo que ella considera que se debería de reformar por su inmoralidad. "¿Pero, tendría eficacia para moralizarla un artículo del Código? Sinceramente no".[94]

Micaela Díaz Rabanera que fue profesora de la Escuela Normal de Maestras de Madrid, se considera también una de las representantes del

---

91 *Estampa*, 23, (05/06/1928), p. 17.
92 Ibíd.
93 Ibíd.
94 Ibíd.

feminismo católico.[95] Defiende que la mujer debe de estar protegida por la ley contra el adulterio como lo está el marido. Se trata de algunos cambios que desde este tipo de feminismo se proponen para mejorar la condición de la mujer como esposa y evitar el abuso por parte del marido.

La revista también dedica artículos a mujeres que ocupan puestos en la política como es el caso de la dirigente del Partido Comunista de España, Dolores Ibárruri. En octubre de 1931 *Estampa* publica un artículo en el que la presenta como una mujer que además de atender su hogar y sus hijos en su pueblo, se dedica a la política. "Pasionaria" aparece fotografiada con sus hijos, lavando ropa en el lavadero, posando con los niños del pueblo, también leyendo un libro y dando un discurso. El título del artículo es "Una 'terrible' bolchevique. La 'leader' comunista Dolores Ibárruri, 'La Pasionaria'" [imagen 19].

En este artículo se presenta a Dolores Ibárruri como mujer rural, que se dedica al cuidado de sus hijos y a las labores del campo, pero que también tiene una proyección en el espacio público.

> Dolores Ibárruri se nos muestra en su vida íntima de mujer de un humilde minero. Unos ojos dulces resaltan en su semblante surcado ya por las arrugas. (…) Apenas tiene más de cuarenta años, y numerosos hilos de plata cabrillean en el negro de su cabellera. La vida de esta mujer no ha debido ser fácil ni blanda.[96]

Se utiliza en el artículo un discurso no encaminado a transmitir los avatares políticos de la protagonista, sino su imagen como mujer de un minero, que vive humildemente en el medio rural y dedica su tiempo a las labores domésticas. No se percibe un intento de dignificar la posición de una mujer que se dedica a la política sino más bien su rol de mujer rural que trabaja para sus hijos y su hogar.

También podemos incluir a Clara Campoamor, en esta ocasión como mujer política, a la que la revista *Estampa* dedica un artículo en octubre de 1931,[97] poco después de los debates sobre el sufragio femenino y la aprobación del mismo. Trata sobre su niñez y juventud. Destaca en ella sus valores de laboriosidad y responsabilidad ante la necesidad de ayudar a su madre

---

95 García-Sanz Marcotegui, Á. y Mendioroz Lacambra, A. (2019) "Micaela Díaz Rabaneda (1878). El compromiso social y político de una maestra católica 'feminista'". *Arenal*, 26, p. 157.
96 *Estampa*, 194, (17/10/1931), p. 5.
97 *Estampa*, 199, (31/10/1931), pp. 31-32.

Hay que trabajar para contribuir a salvar las necesidades del hogar humilde.

Imagen 19. *Estampa* (1931)

viuda en el sustento del hogar pero también relata anécdotas y travesuras que la presentan como muy atrevida, a la vez que muy interesada en la lectura y el estudio. No se trata en ningún momento de la importancia de su labor feminista ni como profesional de la abogacía. La revista se interesa más por su faceta de mujer en su vida cotidiana que por la de su participación política. Pero en todo caso, a través de estos artículos se dan a conocer mujeres que tienen una importante función en la política como máxima expresión de asunción del espacio público.

3.4. Trabajo extradoméstico

Lo primero que hay que reconocer es que el trabajo extradoméstico de la mujer española entre los años veinte y treinta apenas había aumentado, constituyendo el 12 y 13 % de la población activa respectivamente, cifras muy bajas en comparación con el 35,8 % de mujeres trabajadoras alemanas censadas en 1925.[98] Pero es cierto que las mujeres de estos años se reconocen como protagonistas de un cambio que les abre nuevas posibilidades también en el terreno laboral y tienen la idea de un futuro diferente que incluye una mejora en su estatus, como reconoce Miren Llona en su investigación con fuentes orales. Ella la denomina una "nueva subjetividad" que supone el vínculo de la mujer moderna con el porvenir.

> su confianza incondicional en el cambio, su entusiasmo por la idea de transformación, su capacidad de imaginar una existencia diferente, perteneciente quizás al futuro, pero que se presentía superior a la realidad anacrónica y opresiva en la que las mujeres estaban inmersas. Fue ese apego por lo nuevo el que permitió a las mujeres modernas situarse en una posición activa, desestabilizadora y de vanguardia y, paradójicamente, convertirse en uno de los principales síntomas de decadencia de la modernidad.[99]

En la revista *Estampa* encontramos este sentimiento de un futuro diferente y mejor para la mujer, basado en ideas de mayor independencia, ocupación de espacios y responsabilidades tradicionalmente masculinos y de mayores posibilidades de promoción. En los artículos que tratan sobre la incorporación de la mujer a nuevos trabajos o responsabilidades sociales

---

98 Aguado Higón, A y Ramos Palomo, M. D. (2008). "La modernidad que viene. Mujeres, vida cotidiana y espacios de ocio en los años veinte y treinta". *Arenal*, 14, p. 270.

99 Llona, M. (2020). "Recordar el porvenir: las mujeres modernas y el desorden de género en los años veinte y treinta. *Arenal*, 27, p. 8.

se vislumbra la idea de que es un comienzo hacia un porvenir mucho más amplio. Sin embargo, Miren Llona considera que esa posición activa y desestabilizadora de las mujeres modernas, lleva en sí misma el germen de la crisis de esa modernidad que las ha llevado a soñar un futuro emancipador. Pronto se pondrán de manifiesto los límites de estos cambios, cuando las mujeres pretendan ocupar algo más que puestos testimoniales en las profesiones de más responsabilidad y prestigio social y entrar de forma masiva en la Universidad.

Recojo aquí algunos de los artículos que ilustran la llegada de mujeres al trabajo extradoméstico en profesiones consideradas de prestigio, también su presencia en trabajos del sector servicios que necesitan cualificación y por último las mujeres obreras.

3.4.1. Abogadas

En Febrero de 1928, con el título de "El feminismo en marcha. Las 'abogados'de España están contentas de su profesión",[100] podemos leer un artículo sobre las abogadas Victoria Kent, (desde 1925), Clara Campoamor (desde 1925) y Matilde Huici (desde 1926), que son, según el periodista, de las pocas abogados de España. El escrito se inicia con el comentario sobre la palabra "abogadas". Dice que en el artículo van a llamarlas "abogados" que es como ellas prefieren. Se recogen los testimonios de las tres abogadas sobre su profesión. Todas dicen encontrarse muy satisfechas de la misma y hablan de vocación, de gusto por su trabajo y de realización personal a través del mismo. La publicación trata el tema como una situación totalmente excepcional y la refleja sin realizar crítica sobre su propia condición de casos aislados, pero con una visión favorable hacia estas mujeres.

La palabra "feminismo" da título a la sección. En estos años esta palabra se utiliza en prensa con un sentido que parece referirse a las mujeres que ejercen profesiones consideradas de hombres, a las que estudian en la Universidad o se salen de los roles tradicionales de género. Estas primeras "abogados" representan la lucha por los derechos políticos de la mujer y son, a través de sus profesiones, sus actitudes y su militancia política, luchadoras por la igualdad de la mujer y por la mejora en sus posibilidades políticas, profesionales y sociales. Sin embargo, algunas de ellas, como Victoria Kent

---

100 *Estampa*, 8, (21/02/1928), p. 19.

(1892-1987), no se libraron de la consideración en la época de portadora de "cualidades viriles", sobre todo por su gestión en la reforma emprendida al frente de la Dirección General de Prisiones. Se las reconocía excepcionalmente capaces de responsabilidades y actitudes consideradas masculinas pero eso hacía que se dudase de su feminidad [imagen 20].

> Clara Campoamor cree que el advenimiento de la mujer a la vida del Derecho tiene trascendencia sin igual para la futura igualdad económica, civil y social de los sexos…[101]

Victoria Kent dice: "Mi profesión, que no abandonaría por nada ni por nadie, me ha proporcionado las mayores satisfacciones de mi vida..."[102] [imagen 21].

La primera mujer abogado de Aragón, aunque también valora mucho su profesión, tiene muy claro que la abandonará al casarse, a no ser que su sueldo sea necesario para contribuir al sostenimiento del hogar familiar. Se trata de Sarita Maynar, hija de un prestigioso abogado zaragozano, que tiene el honor de ocupar, con toga y birrete, la portada de la revista *Estampa,* con el pie de foto de: "primera mujer abogada en Aragón".[103] El artículo, a cargo del periodista Fernando Castán Palomar, tiene por título: "La primera mujer que va a ejercer la abogacía en Zaragoza, dice que dejará la carrera cuando se case" [imagen 22]. El artículo se inicia con la pregunta "—Pero, ¿es verdad. Sarita, que nos ha salido usted feminista?". A la que la entrevistada responde:

> — ¡Pero si ahora es cuando ya no creo en el feminismo! Verá usted. Yo, mientras estudiaba en la Universidad, era muy feminista, mucho; defendía eso de la igualdad de derechos con el mayor brío y soltaba unas terribles peroratas en defensa del gobierno de la mujer".[104]

Durante todo el artículo las cuestiones van encaminadas, en su mayoría, al hecho de ser mujer y a la demostración de que la abogada no ha perdido su feminidad ni tiene ninguna intención de trastocar los roles de género en lo concerniente al trabajo en el hogar. En esta respuesta se resume su idea del mantenimiento de lo que se considera propio de la mujer, aunque esta sea profesional: "creo también que no hay mujer que no aspire a casarse y a

101 *Estampa*, 8, (21/02/1928), p. 19.
102 *Estampa*, 8, (21/02/1928), p. 19.
103 *Estampa*, 104, (7/01/1930), p. 3.
104 Ibíd.

Imagen 20. *Estampa* (1928)   Imagen 21. *Estampa* (1928)

Imagen 22. *Estampa* (1930)

Estampa

Revista Gráfica y Literaria de la Actualidad
Española y Mundial = Editada en Suc. de Rivadeneyra
Paseo de San Vicente 20 = = MADRID.

30 ctms.

Director
Propietario:
Luis Montiel

Redactor jefe:
Vicente
Sánchez Ocaña

año I = Núm. 16

Las mujeres españolas quieren ser "Jueces", "Notarios", Registradores"... Estas lindas señoritas que rodean al señor Ministro de Gracia y Justicia en su despacho oficial son estudiantes de Derecho, que han ido a pedirle que se autorice a las mujeres "abogados" para ser Registradores de la Propiedad, Notarios y Jueces, igual que los hombres. Nuestro compañero Zapata ha sido el único que ha tenido la fortuna—ha de agradecérsela a la bondad del señor Ministro—de recoger la imagen de esa entrevista, verdaderamente importante en la historia del feminismo español.

Imagen 23. *Estampa* (1928)

Representaciones de la "mujer moderna" a través de la revista *Estampa*, de 1928 a 1931

dedicarse al hogar; que harto tiene la mujer con el cuidado de la casa, con la educación de los hijos y con la atención al esposo".[105]

Continuando con la judicatura, la revista *Estampa* dedica una portada en su número 16, a tres mujeres que rodean al ministro de Gracia y Justicia en su despacho oficial. El título es: "Las mujeres españolas quieren ser Jueces, Notarios, Registradores…".[106] Se dice en el pie de foto que "Estas lindas señoritas que rodean al ministro de Gracia y Justicia en su despacho oficial son estudiantes de Derecho, que han ido a pedirle que se autorice a las mujeres 'abogados' para ser Registradores de la Propiedad, Notarios y Jueces igual que los hombres" [imagen 23].

La revista *Estampa* recoge siempre y, dando importancia, los momentos en que las mujeres profesionales o estudiantes, que en España son minoría, reivindican el aumento de sus derechos y la igualdad con el hombre. La referencia a estas mujeres va acompañada del apelativo "lindas señoritas", en su intento reiterado de marcar la feminidad de las mujeres que optan por profesiones habitualmente masculinas y que presentan reivindicaciones denominadas en la revista "feministas". En todo momento se hace patente el rechazo a lo que pueda parecer inversión de los sexos. Se defiende la naturaleza de los dos sexos como diferentes y se evita en todo momento la masculinización de la mujer.

3.4.2. Sanidad

Las profesiones relacionadas con la sanidad son de las que más pronto empiezan a feminizarse, por considerarse unidas a los cuidados y a la idea de la maternidad social, que hace que las mujeres se encarguen de las personas que necesitan ayuda o son dependientes.

La revista *Estampa,* dedica un artículo a la primera mujer dedicada a la cirugía en España.[107] Esta especialidad no está en absoluto feminizada ya que las mujeres suelen ocupar los lugares de la medicina donde lo primordial es el cuidado y la atención directa al paciente y dejan para los varones la asunción de las responsabilidades y los riesgos que la disciplina acarrea. Es, por tanto, muy novedoso que una mujer se dedique a la cirugía. En el

---

105 Ibíd.
106 *Estampa,* 16, (17/04/1928), portada.
107 Ibíd., p. 29.

artículo se recoge una entrevista hecha a esta doctora con motivo de un ban-
quete en el Club Lyceum femenino, que le ha sido ofrecido por su brillante
actuación en un difícil caso de cirugía. El periodista habla de la "terrible
profesión de cirujano" y, en todo momento, muestra la extrañeza de que
una mujer pueda realizar esta profesión "de bisturís y sangre". La doctora,
a las preguntas de si le daba miedo la sangre y cortar con bisturí, contesta
que no, que lo que ella sentía era el beneficio que podía proporcionar a sus
pacientes. Continúa diciendo que es la costumbre la que ayuda a soportar
esas situaciones y que, si al principio estaba nerviosa, "no era por ninguna
razón de sensiblería, sino por el temor de que no pudiera lograr lo que me
había propuesto".[108] Reconoce ser la primera mujer cirujana pero también
dice que, en ese momento, hay algunas más y que ella siempre trabaja con
equipo femenino en sus intervenciones.

El papel de la mujer como cuidadora, como preocupada por el bienestar
de los demás y, en definitiva, como "madre social", hace que en esta época
las practicantes estén siendo cada vez más. Es una profesión que hasta el
momento no estaba muy feminizada porque, en muchos casos, estaba unida
a la de barbero, que la realizaban los hombres. Sin embargo, en estos años
esta profesión recae en mujeres que han estudiado para obtener su título y
que la ejercen con dedicación completa, sin compaginarla como en el caso
de los varones.

En julio de 1928, Magda Donato escribe un artículo con el siguiente
título "Las simpáticas practicantes de medicina y sus compañeros".[109] Dedica dos páginas de la revista a dialogar con las mujeres que estudian para
practicantes de medicina. Ante la pregunta de "¿Por qué han elegido ustedes
esta profesión?", responde una informante que:

> "Porque nos parece una buena solución de vida, especialmente indicada para
> la mujer, para quien ofrece mucho mejor porvenir que para el hombre". Tam-
> bién explica que "Nos prefieren en todas partes, y esto es natural; las mucha-
> chas que nos dedicamos a practicantes, solemos dedicarnos a nuestra profesión
> por entero, o, en todo caso, compartir su labor con otras de parecida índole. Los
> hombres, por el contrario, suelen ser barberos de pueblo, a quienes el título les
> permite añadir a su oficio algunos ingresos suplementarios".[110]

108 Ibíd.
109 *Estampa,* 28, (10/7/1928), pp. 32-33.
110 Ibíd., p. 32.

Reconoce también que el éxito de su profesión depende de la protección de un médico "que nos proporcione trabajo y nos facilite los primeros pasos para hacernos una clientela".[111] Magda Donato pasa a las preguntas relacionadas con los novios y el matrimonio de la siguiente manera:

> "Además, teniendo ustedes un medio de ganarse la vida, no necesitan ni desean casarse, ¿verdad?". La respuesta es enérgica: "¡Eso sí que no! No se le ocurra decirlo así en *Estampa*. Todas preferimos el matrimonio. Que se sepa, que se sepa que estamos deseando casarnos, que eso se está poniendo muy mal. Novios los encontramos a puntapiés, pero lo que es marido, ni para un remedio".[112]

Vemos como la mayoría de las veces las profesiones femeninas, aunque sean de un cierto nivel, no trastocan el orden de género y la normatividad ya que plantean que el rol de la mujer, sea cual sea su lugar en los espacios públicos, debe ser compatible con el de esposa y madre, o bien ser una proyección de las tradicionales labores de cuidados fuera del hogar.

3.4.3. Mecanógrafas y modistillas

Existen en estos años unas profesiones muy bien consideradas para la mujer y que se sitúan en un estadio superior al servicio doméstico o a las trabajadoras de fábrica. Son ocupaciones que requieren una formación, como es el caso de las mecanógrafas que muchas de ellas se formaron en la Asociación para la Enseñanza de la Mujer, proyecto educativo creado en 1870 por el pedagogo e intelectual Fernando de Castro y Pajares, con la misión de ofrecer a las mujeres españolas la oportunidad de tener acceso a una enseñanza académica, científica y a una formación que les permitiera integrarse en el mundo laboral.

El artículo que dedica *Estampa* a esta institución, se centra, sobre todo, en las enseñanzas de comercio y contabilidad que hacen que las mujeres puedan acceder a puestos de secretarias con conocimientos de taquigrafía y mecanografía, se inicia de este modo [imagen 24]:

> De esta Asociación para la Enseñanza de la Mujer han salido las primeras feministas madrileñas, en el sentido de las primeras mujeres que han aprendido a ganarse la vida y desenvolverse en ella por sí mismas.[113]

111 Ibíd.
112 Ibíd.
113 *Estampa,* 21, (22/05/1928), p. 8.

La clase de Contabilidad de la «Asociación para la Enseñanza de la Mujer», a la que concurren más de cincuenta alumnas.

Imagen 24. *Estampa* (1928)

Las conocidas como "taqui-mecas", son mujeres que trabajan en oficinas, siempre bajo la supervisión de un jefe varón. En las revistas gráficas se visualizan como jóvenes modernas y, por supuesto, bellas. Bajo el título "Taqui-mecas", en la revista *Estampa* se dedican dos páginas a demostrar que "nada tiene que envidiar la belleza de nuestras secretarias a las del extranjero".

> ¡Pues, no, señor! ¡Estamos hartos ya de bellezas extranjeras(…). ¡De ese género las tenemos en España hasta para andar por casa...! Y las nuestras (son de todos nosotros, aunque no quieran sus novios, que los ojos no pecan) saben también taquigrafía, mecanografía, archivografía y timoteografía.[114]

El periodista las describe como la nota amable y alegre de las oficinas y relata el deseo que producen en todos los varones que trabajan con ellas que, al ser casados, no tienen más remedio que describirlas como "¡Mi compañera...!". Como vemos, la presencia de la mujer en estos trabajos es considerada, en este momento, como algo nuevo y aceptable, pero se presentan en el discurso periodístico con todas las características y representaciones de género tradicionales que hacen que la mujer ocupe, en estos espacios, un papel de subalternidad respecto a los hombres. No son tratadas como profesionales sino como mujeres en un espacio masculino en el que lo más reseñable es su belleza, su gracia y su juventud.

114 *Estampa*, 58, (12/02/1929), p. 10.

Imagen 25. *Estampa* (1929)

Nada menos que en la portada de *Estampa*, a toda página, en el número en el que se trata sobre una reunión de la Sociedad de Naciones en junio de 1929, se puede ver a dos secretarias de esta institución. Aparecen ante sus máquinas de escribir. Se lee: "Estas muchachitas pertenecen al Secretariado de la Sociedad de Naciones y con más modestia que los grandes diplomáticos, pero con tan buena voluntad como ellos, trabajan por la paz".[115] La revista quiere resaltar la presencia de estas mujeres que hacen las labores

115 *Estampa*, 74, (11/06/1929), portada.

menos importantes de la Sociedad de Naciones y, con tono amable, las considera "modestas" y "con buena voluntad", pero siempre sin responsabilidad y bajo la dirección de los "grandes diplomáticos". *Estampa* decide seleccionar para la portada la imagen de la mujer, lo que supone una manera ligera, poco profunda y amable de tratar los temas políticos de trascendencia. Es algo propio de publicaciones o revistas gráficas que en toda Europa tienen una tirada muy importante y llegan a todos los sectores sociales y culturales y, cada vez más, a las mujeres, pero que se centran en los aspectos más anecdóticos y curiosos de los hechos informativos [imagen 25].

También existe en estas publicaciones un espacio en el que las academias hacen publicidad indicando el número de plazas y los requisitos para las convocatorias de oposiciones en los diferentes cuerpos de funcionarios. En enero de 1928, en una convocatoria de plazas para trabajar en Hacienda y en otra para Fomento, se hace constar en primer término: "Se admiten Señoritas".[116] Esto supone que no es algo habitual pero que, en estos casos, las plazas de funcionarios se abren también a las "señoritas", por tanto, mujeres no casadas, que son las que podrían acceder a estos puestos.

Siguiendo con las mujeres que trabajan fuera de su casa, es necesario mencionar un grupo formado por trabajadoras del subsector textil, que se encuentran en un estatus intermedio entre las obreras que trabajan en la industria y las llamadas "señoritas", que pertenecen a las clases medias y altas y no necesitan trabajar fuera de casa. Este grupo que se considera a sí mismo como superior a las obreras, son realmente "obreras de aguja", pero se les conoce con el nombre de "modistillas". Para Miren Llona, "las modistillas, a pesar de su condición de trabajadoras, se vivieron a sí mismas como diferentes a otras mujeres de posición humilde, es decir, en una posición más elevada que el resto de trabajadoras, sobre todo que las de fábrica y las del servicio doméstico".[117] Las categorías de sexo y edad caracterizan a este grupo social y le dan su sentido. Las "modistillas" representan a la mujer joven que tiene una ocupación fuera del hogar, relacionada con la costura, el corte y la confección. Aunque el sector de la costura ha sido tradicionalmente femenino, supone, en el caso de estas jóvenes, una ocupación del espacio público, tanto en la fase de formación como en la del trabajo. Se forman en academias de Corte y Confección y trabajan en talleres regentados por

116 *Estampa*, 3, (17/01/1928), p. 5.
117 LLONA, M. (2003). "La realidad de un mito: la aspiración de ascenso social de las modistillas, en el Bilbao de los años veinte y treinta". *Asparkía. Investigació feminista*, 14, pp. 141-142.

modistas en los que van ascendiendo según van adquiriendo más destreza en su trabajo.

En los años veinte, estas "modistillas" se van visualizando cada vez más como "muchachas modernas" debido a su ropa y peinado. Como además tienen habilidades en la costura, suelen cuidar su atuendo y se atreven con la falda más corta, los talles bajos y el pelo a lo *garçonne*. Según Miren Llona, "sus vivencias estuvieron marcadas por la contradicción entre su situación objetiva como obreras de la aguja y su aspiración a parecer señoritas".[118] Para la citada autora, el sueño de las "modistillas" es llegar a ser "señoritas", casarse con un hombre de clase media o alta que pueda mantenerlas y así dejar de trabajar, dedicarse a la casa y, si es posible, tener criada.

Bajo el título "Una mañana de sol con nuestras modistillas en el Retiro", en la revista *Estampa*, se va relatando una tarde en la que las jóvenes costureras salen del taller y los estudiantes pasean con ellas. El periodista va preguntando las cosas que más les interesan a ellas y sus respuestas reconocen que su principal preocupación es el amor y el matrimonio: "Pero como nuestra mayor aspiración de mujeres es el matrimonio, lo esencial es amar, poniendo toda el alma en esa ilusión para no sentirse defraudadas después en ese nuevo estado".[119] Vemos aquí un ejemplo de ese ascenso social mediante el matrimonio con estudiantes de que hablaba Miren Llona. Pero, según esta autora, este hecho normalmente no se cumple ya que en su mayoría los estudiantes se casan con mujeres de su mismo grupo social. La permeabilidad social es muy escasa, pero sigue viéndose como un deseo en estas "modistillas".

Recojo una imagen de la salida del trabajo de las "modistillas" y de los estudiantes que han ido a su encuentro [imagen 26]. En este artículo titulado, "Lo que piensan las modistillas de sus amigos los estudiantes", el periodista Juan de Gredos hace una serie de preguntas a las "modistillas" sobre su relación con los estudiantes.

—¿Qué les parecen a ustedes los estudiantes? —Pa comerlos en arroz, suelta una de ellas a modo de ironía.

—No, no, en serio. De todas las clases juveniles en el género masculino ¿cómo encuentran a los estudiantes?

—Nos gustan. Es una clase privilegiada.[120]

118 Ibíd., p. 143.
119 *Estampa*, 7, (14/02/1928). p. 22.
120 *Estampa*, 5, (31/01/1928), p. 34.

La hora de la salida, en el tránsito de la mañana a la tarde... Las parejas se forman, otra vez, y la calle se llena de risas, de voces, de juventud y de alegría...

Imagen 26. *Estampa* (1928)

Las entrevistadas hablan de ellos como posibles conquistas que las invitan a bailar, al cine o al teatro y los consideran una "clase privilegiada" que puede permitirles ese anhelado ascenso social.

En otro artículo de enero de 1928 también aparecen muchas imágenes de "modistillas" que han ido a una sesión gratuita del teatro Reina Victoria de Madrid. En todo momento se comenta su alegría y su jovialidad.[121] En abril de ese mismo año, son las "modistillas" sevillanas las que protagonizan un reportaje con muchas imágenes en las que se les puede ver leyendo *Estampa*. "Las simpáticas y graciosísimas modistas sevillanas han hecho de *Estampa* su periódico favorito".[122] Cada vez más esta publicación está llegando a las mujeres y especialmente a las jóvenes.

La principal característica de estas "modistillas", la que las diferencia de las llamadas "señoritas" de clases medias o altas, es su acceso a las calles, al espacio público, a los bailes y a los parques. Tienen una actividad social superior a las jóvenes de grupos sociales más elevados, que no frecuentan estos lugares y, si lo hacen, nunca van sin un acompañante de su familia, no van en grupo como las "modistillas". Para Micaela Pattison, las "modistillas" pueden disfrutar del espacio exterior de la siguiente manera: "Pasean

121 *Estampa,* 4, (24/01/1928), p. 4.
122 *Estampa*, 55, (17/4/1928), pp. 48-49.

éstas por El Retiro de Madrid o las Ramblas de Barcelona cogidas del brazo, gritando y riendo y aguantando muy satisfechas un verdadero diluvio de piropos".[123] Estas jóvenes quieren ser vistas, buscan su visibilización con sus cuidados vestidos y complementos y protagonizan el juego sexual de la insinuación y la coquetería con mucha más libertad que lo hacen las jóvenes de clases altas. Pero, como también reconoce Miren Llona, ellas tienen que ser en todo momento conscientes de controlar los intentos de aproximación de los "señoritos", de manera que si no les interesan deben rechazar el baile o el flirteo con ellos desde el principio, porque si empieza es muy difícil ponerle fin sin crear una situación violenta que supondría el quedar en evidencia ante el público, algo que siempre debe evitar una aspirante a "señorita". Se encuentran en un terreno peligroso al tener que mantener su respetabilidad y a la vez intentar que las relaciones con los jóvenes de clase superior lleguen a noviazgos serios.[124]

3.4.4. Obreras

En la publicación estudiada quedan reflejadas las vivencias, los problemas y la vida cotidiana de las mujeres obreras, aunque en menor número que las mujeres modernas y las "modistillas", en las que su juventud, cuidado en sus vestimentas y complementos, hacen que sean las preferidas por los reporteros de *Estampa*.

Hay que considerar que el trabajo en la industria textil no se reducía a las jóvenes "modistillas" sino que, como recoge Mary Nash en su estudio sobre las trabajadoras catalanas,[125] la mayoría de las operarias de la industria textil son mujeres y muchas de ellas casadas, ya que necesitan su sueldo para mantener la economía familiar. Por tanto, no es cierto que todas las trabajadoras del sector textil abandonen sus puestos de trabajo al casarse. Lo que sí ocurre es que muchas de ellas lo compaginan con sus labores en el ámbito de la casa y los cuidados. La historiadora Mary Nash lo describe con este argumento: "Una manera de resolver el dilema entre el rechazo a la presencia femenina

---

123 PATTISON, M. (2017) "La creación de la Muchacha Moderna: Consumo, modernidad y género en larevista gráfica española (1928-1933)"en *VI Encuentro internacional de jóvenes investigadores en Historia Contemporánea*. Zaragoza, p. 21.

124 LLONA, M. (2003). "La realidad de un mito: la aspiración de ascenso social de las modistillas, en el Bilbao de los años veinte y treinta". *Asparkía. Investigació feminista,* 14, pp. 141-142.

125 NASH, M. (2010). *Trabajadoras: un siglo de trabajo femenino en Cataluña (1900-200)*. Barcelona: Departamento de Trabajo. Generalitat de Cataluña, p. 20.

en las fábricas y la necesidad de ingresos económicos imprescindibles fue convertir el trabajo a domicilio en la ocupación preferente de las mujeres".[126] Esto permite que la ocupación principal de la mujer sea el trabajo en su casa atendiendo a su marido, hijos o personas dependientes. De esta manera, el trabajo a domicilio es admitido por los obreros que ven con malos ojos la competencia de la mujer en las fábricas.

En la revista *Estampa* se recogen algunos artículos sobre este sistema de trabajo. En uno de ellos titulado "Entre cuatro paredes. El trabajo domiciliario de la mujer" se habla de la suerte que tiene la mujer de poder trabajar en casa y así no desatender a sus hijos y a las labores domésticas. Otra de las ventajas que se encuentra en este tipo de trabajo es que la mujer "no tiene que ir a asistir, entrando por la mañana a una casa y dedicándote el día entero a fregar suelos, lavar ropas, dar cera al entarimado…".[127] Por tanto, la alternativa a tener que trabajar en el servicio doméstico es trabajar en la propia casa. Se pone como ejemplo en el artículo el caso de "La maestra", que tiene en su casa el taller de costura y a sus aprendizas y oficialas, junto con sus hijos y el marido que "se permite guiñar un ojo a las oficialas".[128] El autor del artículo es Eduardo Torralva Beci, (Santander, 1881-Madrid, febrero de 1929) que fue un periodista y político socialista y comunista español. En él se aprecia su intento de dar un contenido social al artículo y poner de manifiesto la situación de pobreza de las familias que tienen que recurrir al trabajo femenino, pero no existe en él ninguna consideración feminista ni de reconocimiento de la situación de la mujer en estos años con un sentido crítico ni alternativo. Los sindicatos y partidos obreros no contemplan la injusticia del trabajo de la mujer, poco valorado y sin condiciones laborales similares a las de los hombres. Mary Nash reconoce esa ceguera del obrerismo ante estas condiciones de las mujeres que comparten el trabajo de la casa y el de la fábrica o bien realizan trabajo en su domicilio.

> El obrerismo, ciego ante la evidente presencia laboral de las obreras y de la magnitud de su aportación a la economía familiar, en la práctica no promovió un reparto de las tareas de casa. No cuestionó la figura doméstica femenina ni tampoco vindicó a la trabajadora asalariada. Su visión de la masculinidad obrera continuaba asentada en una aristocracia de género basada en un trabajador

---

126 Ibíd., p. 35.
127 *Estampa*, 12, (20/3/1928), p. 33.
128 Ibíd.

privilegiado ocupado exclusivamente en la producción y en el ejercicio de la autoridad patriarcal.[129]

Las señas de identidad de las clases sociales se materializan en los roles de género de las mujeres. En la clase media son los principios de domesticidad los que identifican la pertenencia a esa clase y van asociados a la moralidad basada en la reclusión en el hogar ante el exterior peligroso para la honradez y las buenas costumbres de una "señorita".[130] Por tanto, el trabajo extradoméstico queda unido a las clases sociales más bajas, en las que la mujer se hace cargo de su casa y del trabajo en el taller o la fábrica. La propia clase obrera lleva a cabo una dignificación de su modelo de mujer que se dedica a las tareas del hogar y es capaz de llevar a casa un sueldo por su trabajo en la fábrica, en la mina o en el campo. Es la reconocida como "mujer fuerte" que, para Miren Llona, supone la construcción de una identidad de clase positiva basada en dicha imagen.

> La figura de la mujer fuerte jugó un papel trascendental, que muestra, por un lado, que la identidad de clase y la identidad de género son dos realidades inseparables, y por otro, que el ámbito privado puede constituirse en un foco de resistencia y en un escenario para la formación y desarrollo de las identidades de clase.[131]

La revista *Estampa* en su interés por reproducir las estampas, valga la redundancia, de la vida cotidiana, especialmente de la de las mujeres, dedica algunas páginas a las obreras o trabajadoras extradomésticas en los sectores más feminizados como es el caso de las lavanderas o las planchadoras. Bajo el título "Lavaderos y lavanderas", se inicia un artículo en el que se va relatando la pérdida de la mayoría de los lavaderos existentes en Madrid debido a la generalización de los lavaderos en los pisos y las nuevas máquinas de vapor. Las lavanderas explican el duro y pesado proceso del lavado y reconocen que no pueden vivir de su trabajo: "Imposible. Trabajamos para ayudar a nuestros maridos o a nuestros hijos..."[132] y, además, que cuando dejan de trabajar no tienen nada: "Cuando ya no valemos *pa ná*, nos vamos a vivir con los hijos, y si los hijos no nos quieren tener, al Asilo de Lavanderas".[133]

129 NASH, M. (2010). *Trabajadoras: un siglo de trabajo femenino en Cataluña (1900-200)*. Barcelona: Departamento de Trabajo. Generalitat de Cataluña, p. 20.

130 LLONA, M. (2006). "La construcción de la identidad de clase obrera en el País Vasco. Género y respetabilidad de clase, dos realidades inseparables". *Cuadernos de Historia, Geografía*, p. 291.

131 Ibíd., p. 288.

132 *Estampa*, 28, (10/7/1928), p. 18.

133 Ibíd.

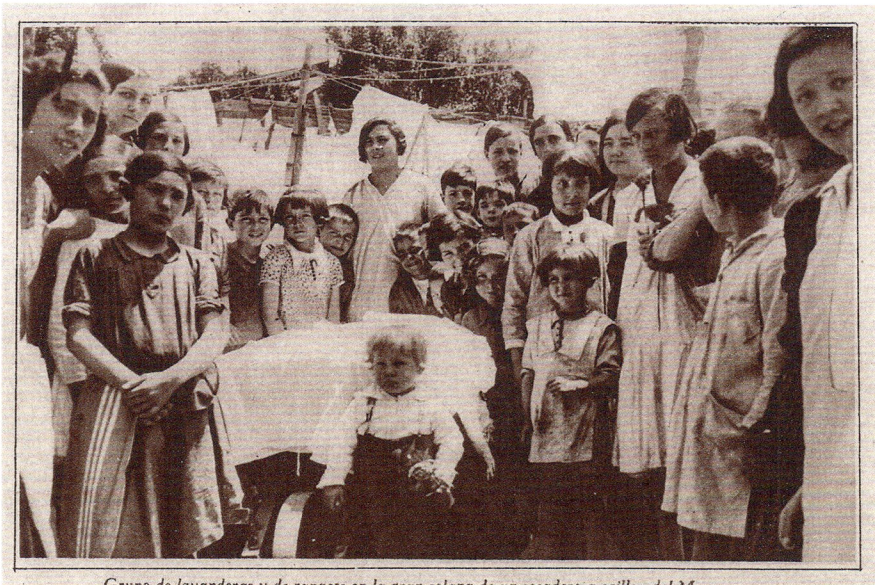

Grupo de lavanderas y de rapaces en la gran solana de un secadero a orillas del Manzanares.

Imagen 27. *Estampa* (1928)

Se trata de trabajos feminizados desde siglos atrás. Las obreras de lavaderos reciben salarios muy bajos, sin ninguna seguridad en su trabajo, ni ninguna asociación de ayuda mutua para solucionar sus problemas ante la enfermedad o accidente. Se consideran trabajos que no son los necesarios para la manutención de la familia que está en manos del varón. Además, como el cuidado de los hijos es responsabilidad de las mujeres, cuando van a trabajar, tienen que llevárselos con ellas, como se puede ver en la fotografía [imagen 27].

Otro ejemplo de trabajo feminizado y que también está dejando de ser tan abundante es el de planchadora. El periodista Juan de Gredos publica en marzo de 1928 un artículo titulado: "El taller de planchado. Ayer y hoy". Describe un taller en el que "unas garridas hembras, con los brazos al aire, manipulan afanosamente, domeñando con la caricia candente de la plancha, unas tirillas níveas que adquieren elegante forma y brillo inusitado al contacto de sus manos".[134]

134 *Estampa*, 13, (27/3/1928), p. 12.

Los talleres de planchadoras se presentan como algo tradicional, del siglo pasado, en el que se llevaban prendas que necesitaban un planchado profesional. Las oficialas con más experiencia se reivindican como "mujeres fuertes" que están preparadas para la dureza de la profesión. Hablan de las aprendizas como de esas "nenas modernistas muy señoritas y muy frágiles". Una de ellas dice: "— ¡Diga usted que aquí se rinde culto al pasado en lo que atañe a clasicismo y modas! —¡Que aquí no somos aficionás al pelo a lo Garçonne".[135]

También encontramos testimonios de obreras en la Fábrica de Aeroplanos de Getafe. En 1930 se realiza un artículo en *Estampa* en el que José Díaz Morales, periodista, guionista y director de cine que se exilió a México al estallar la Guerra Civil, relata la dura vida de estas obreras que trabajan ocho horas y ganan un sueldo muy bajo que no les permite mantenerse. Realizan labores bajo la supervisión de los encargados varones. El informante reconoce que:

> Se procura —y para ello están destinadas—, que intervengan solamente en trabajos sencillos, donde se necesite más de la paciencia que de la inteligencia y de la fuerza. No es porque ellas no sean capaces de hacerlo, sino porque aún no tienen esa preparación y adiestramiento necesario para predominar en la construcción de un aparato donde van a jugarse la vida los hombres.[136]

La obrera fabril está siempre en labores consideradas poco importantes y muy mal pagadas ya que no tienen adiestramiento y no se puede dejar en sus manos labores de responsabilidad porque "van a jugarse la vida los hombres".[137] El artículo concluye achacando a "las máquinas, la mecánica y el feminismo"[138] el que las mujeres ocupen esos puestos. Vemos cómo, cada vez más, desde que se inicia la década de los años treinta, el feminismo se plantea de forma más negativa por parte de los redactores de *Estampa* que ya no utilizan la palabra con la alegría y desenfado que lo hacían en 1928 y 1929. Se está llegando a posiciones de más temor ante el ascenso de las posturas feministas.

No muy abundantes son las referencias en *Estampa* al trabajo de la mujer en el campo. Es el arquetipo de mujer rural que participa en el proceso productivo de la familia, en actividades específicas dentro o fuera de la casa

---

135 Ibíd.
136 *Estampa,* 109, (11/02/1930), p. 13.
137 Ibíd., p. 14.
138 Ibíd.

La hierba húmeda moja las faldas de las freseras, y estas lindas muchachas, que no se paran en barras, las convierten en pantalones por este sencillo procedimiento.

Imagen 28. *Estampa* (1929)

y que no basa su rol de género exclusivamente en la domesticidad, como lo hará la mujer burguesa, urbana, que no tiene que salir de su casa para la realización de sus atribuciones.

La presencia de las mujeres rurales en la revista se centra en las labores tradicionales como "La recolección de la fresa".[139] Con este título se inicia un artículo que las presenta como sufridas trabajadoras que llevan a cabo una muy dura actividad bajo la supervisión de los encargados varones [imagen 28]. Vemos en esta imagen cómo esta cuadrilla de freseras adaptan su falda a las necesidades del oficio, convirtiéndola en un pantalón.

Para Teresa María Ortega López y Francisco Cobo Romero, se está produciendo una situación en la que la mujeres se hacen cargo "de las labores más pesadas, menos mecanizadas y más esforzadas",[140] como es el caso de estas freseras. Por otra parte, como han estudiado los citados autores, la mujer rural se convierte en estos años en representación de la tradición más conservadora y reacia a la modernización que lleva consigo el masivo paso de la población a los sectores industriales y de servicios y el abandono del entorno rural para acudir a las ciudades.

El enaltecimiento de las mujeres campesinas las convertiría en portadoras por antonomasia de los valores del ruralismo, el agrarismo, el catolicismo o el tradicionalismo consustancialmente necesarios para acometer con eficacia la contención de aquellas ideologías disolventes del orden rural patriarcal y tradicional que,

139 *Estampa,* 74, (11/ 06/ 1929), pp. 7-8.

140 ORTEGA LÓPEZ, T. M. y COBO ROMERO, F. (2017). "'Guardianas de la raza'. El discurso 'nacional-agrarista' y la movilización política conservadora de la mujer rural española (1880-1936)". *Historia y Política,* 37, pp. 57-90.

como ocurriera con el socialismo, el comunismo o el anarquismo, se habían visto impulsadas por la industrialización o por una acelerada urbanización.[141]

Se busca en esta mujer rural el mantenimiento del orden y los valores del tradicionalismo en el discurso "nacional-ruralista" en el que tanto las mujeres como los hombres estaban llamados a formar parte del "esfuerzo colectivo", expresión y concepto relevantes en las políticas ultranacionalistas y fascistas.[142] Se trata de reacciones hacia la modernidad que conlleva la vida urbana y hacia la pérdida de los roles más tradicionales de género. En este sentido, se ensalza a la mujer rural gallega en un artículo de Enero de 1930 en el que se trata de las mujeres del campo y de las labores de la pesca.

> Y en el agro, la mujer pastora, la mujer labradora, la mujer hilandera; la mujer en la veiramar marinera atendiendo al laboreo de la pesca, tejiendo las redes, laborando casi únicamente en las fábricas de conserva, poetizándolo todo... Ayudando al hombre y amándolo.[143]

Vemos como la mujer del campo queda ensalzada en sus labores más tradicionales y siempre considerada como el apoyo del hombre, verdadero responsable de la economía de la familia.

3.4.5. Espectáculo

En la revista *Estampa* existe una sección fija denominada "Escenario" en la que semanalmente aparecen los comentarios sobre las obras representadas, con fotografías dedicadas a las actrices y actores del momento y una relación de la programación de cada teatro de Madrid. En ella se aprecia que las actrices de teatro tienen una muy alta consideración y presencia, más que las de los actores. En el número 1 aparecen Margarita Xirgu, María Guerrero, Irene Alba, o María Fernanda Ladrón de Guevara, en páginas firmadas por Juan Gredos.[144] Imágenes de mujeres maduras, resaltando su dignidad como grandes profesionales del teatro y sin representar prototipos de belleza ni patrones sexualizados. Este tipo de profesiones dan a la mujer una proyección y una libertad de movimientos y de acceso al espacio público muy importante y superior a las demás. Se permiten en ellas costumbres como

---

141 Ibíd.
142 Ibíd.
143 *Estampa*, 107, (28/01/1930), p. 26.
144 *Estampa*, 1, (03/01/1928), pp. 8-9.

Imagen 29. *Estampa* (1928)   Imagen 30. *Estampa* (1928)

fumar, salir solas a bares y locales nocturnos, así como la posibilidad de ser empresarias y regentar compañías de teatro [imágenes 29 y 30].

Siguiendo con el mundo del espectáculo, existen en estos años otras mujeres que tienen trabajos remunerados extradomésticos que son las artistas de Revista. En la revista *Estampa* se dedican habitualmente páginas a este espectáculo de música y teatro tan popular en estos años. En ellas aparecen muchas fotografías de estas mujeres muy sexualizadas, con grandes escotes, faldas muy cortas o ceñidas, tocados muy llamativos y mucho maquillaje. Son protagonistas del juego sexual, de la insinuación y de la sicalipsis, entendida como picardía sexual.

En un artículo de 1928 se dedica un artículo al "Estreno de la maravillosa revista Eureka", con la "gentilísima y popular Consuelo Hidalgo, cada día más guapa y deliciosamente picaresca".[145] Las mujeres son parte esencial de este espectáculo por lo cual, los distintos periódicos recogen la actuación de las mismas y las llenan de elogios.

145 *Estampa*, 16, (17/4/1928), p. 10.

Imagen 31. *Estampa* (1928)

En ese mismo año la revista dedica la portada a las "estrellas de la Compañía de Revistas de Eulogio Velasco que actúa en Price"[146] [imagen 31].

Entre 1920 y 1936 la revista tiene su mayor éxito en España. De inspiración en los espectáculos de varietés franceses, encuentra un espacio y

146 *Estampa*, 7, (14/02/1928), portada.

un público muy propicio en la ciudad. Supone un género menos atrevido y licencioso que el Teatro de Varietés de los años del cambio de siglo, que se representaba en cafés cantantes o en teatrillos solo para hombres y cupletistas o mujeres del espectáculo. Tiene un cierto hilo argumental en el que alternan lo lírico, lo dramático, lo narrativo y lo coreográfico con una apoteosis final espectacular con música, canción, baile y escenarios vistosos muy elaborados. Su público es más amplio, de hombres y mujeres, ya que ha perdido ese ambiente de los locales nocturnos considerados poco decentes para acudir con las "señoras".[147] Sin embargo, la sicalipsis, la picardía y el juego sexual de las vedettes sigue presente en los cuplés eróticos.

En 1930 llegó al Teatro Metropolitano de Madrid la famosa vedette y bailarina Josefina Baker que había trabajado en el Folies Bergères de París y que fue la primera en bailar Charleston en Europa. *Estampa* le dedica un artículo con múltiples fotografías y diálogos con el periodista Luis G. de Linares, en las que se muestra muy provocadora, bromista y pícara. Cuenta anécdotas, mostrando su personalidad desenfadada y sin pudor. Reconoce haber bailado desnuda para los "hombres virtuosos" del Ministerio del Interior húngaro que habían prohibido su espectáculo y querían comprobar si era apto. Con esta técnica consiguió que aplaudieran a todos sus números y al día siguiente fueran al teatro con sus familias.[148] A este tipo de mujeres se les permiten todos estos comentarios provocativos ya que se encuentran en el grupo de artistas del espectáculo que se corresponden con representaciones de género distintas a las del resto de mujeres de la época.

---

147 Huertas, E. "El teatro frívolo: las variedades y la revista". En *Ensayos de teatro clásico español*. Madrid: Biblioteca Fundación Juan March. https://www2.march.es/publicaciones/ensayos-tme/ensayo.aspx?p0 = 3 . Fecha de consulta 30/09/2021.

148 *Estampa*, 109, (11/02/1930), pp. 6-8.

4

"Feminismo" en la revista *Estampa*

En el anterior capítulo hemos visto cómo la mujer de la segunda mitad de los años veinte en España empieza a ocupar un espacio público que antes no le pertenecía, empieza a acceder a los estudios superiores, a profesiones tradicionalmente masculinizadas y a tener una percepción de que su estatus y sus roles de género pueden cambiar. Estos artículos en los que aparecen este tipo de mujeres van siempre acompañados de la palabra "feminismo". Como reconoce Laura Branciforte,

> es a través de estos feminismos que las mujeres luchan por la redefinición y resignificación de los espacios, todavía dicotómicos, público y privado, y emprenden batallas por los derechos político-sociales como, por ejemplo, algo tan sencillo pero esencial como fue el derecho al trabajo remunerado y a la educación.[149]

Respecto a la utilización del término feminismo en esta publicación, pretendo analizar dos aspectos, por un lado, a qué tipo de feminismo se refieren los y las periodistas y articulistas de la revista *Estampa* cuando adjetivan así a sus protagonistas y por otro, cuál es el feminismo que temen y tratan de presentar como negativo.

En los artículos de la revista que tratan de actitudes femeninas denominadas feministas, como en el caso de mujeres que acceden a puestos de trabajo o estudios considerados propios de los varones, se hace siempre referencia a la no masculinización, a evitar la pérdida de los atributos que se consideran propios de la feminidad. Las deportistas no tienen que ser "marimachos", las estudiantes y trabajadoras tienen que mantener su gracia y son reconocidas por su belleza, las intelectuales tienen que seguir siendo

---

149 Branciforte, L. (2015). "Experiencias plurales del feminismo español en el primer tercio del siglo pasado: un balance de la historiografía reciente". *Revista de Historiografía*, 22, p. 237.

buenas "amas de casa", las modistillas, taqui-mecas, secretarias o practicantes, tienen que tener como principal anhelo de futuro el matrimonio. Incluso mujeres que se reconocen por su actitud y discurso feminista dejan claro que el sistema binario de género no está en peligro por sus posturas y planteamientos que buscan una mejora en las condiciones de vida, de derechos y de promoción de la mujer.

En este sentido, Magda Donato, escribe en junio de 1928 un artículo en *Estampa* que trata de una supuesta "Liga de las Mujeres de su Casa". En forma de diálogo va defendiendo la idea de que las mujeres intelectuales y trabajadoras, también son mujeres de su casa y esa sabiduría y preparación que tienen la pueden utilizar en mejorar las condiciones de su hogar y su familia. El personaje que defiende esta liga dice "¿Feminismo? si se quiere sí y del mejor. Nada de adulterar nuestra personalidad femenina; por el contrario queremos hacerla rendir su máximo de gracia y de utilidad, elevarla, perfeccionarla…".[150] El feminismo de Carmen Eva Nelken, nombre que está detrás del seudónimo Magda Donato, no impide que considere que la mujer tiene las responsabilidades del hogar como algo total y naturalmente propios y que el acceso al espacio público, a los estudios y al mundo laboral no pueden privarla de las labores que van con ella y de las que es responsable, como son el hogar, la reproducción y el cuidado de los hijos.

Nos encontramos en lo que Carmen González Marín denomina "La ansiedad de la diferencia". Esta historiadora estudia este concepto unido al temor y rechazo a la hibridación. Considera que el dualismo sexual es lo que da seguridad a las sociedades y la diferencia entre los sexos debe siempre ser preservada.

> No es esencial la diferencia entre los sexos sino un dualismo en el que se inscribe la diferencia sexual. En ambos casos se trata de un dualismo vertical, y las mujeres quedan atrapadas en el ámbito considerado inferior.[151]

Este tipo de feminismo que preserva la diferencia de los sexos aunque luche por la mejora en las condiciones de vida y de promoción de las mujeres es el que predomina en los artículos de *Estampa* y se conoce como "Feminismo de la diferencia". Hemos ido viendo cómo hay una gran cantidad de mujeres que llegan a planteamientos feministas desde el respeto a la diferencia sexual.

---

150 *Estampa*, 24, (12/6/1928), p. 11.

151 GONZÁLEZ MARÍN, C. (2008). "La ansiedad de la diferencia". En HUGUET, M. y GONZÁLEZ MARÍN, C. (Eds.). *Género y espacio público. Nueve Ensayos* Madrid: Dykinson, p. 62.

Son capaces de resignificar políticamente la naturaleza femenina para convertirla en fundamento de legitimidad en sus demandas. Según Nerea Aresti, han luchado por la dignidad de la mujer desde diversas posturas para alejarla de la consideración de inferioridad a la que la habían llevado los planteamientos misóginos que la consideraban un ser claramente falto de dignidad.[152]

El temor ante la igualdad de los sexos se manifiesta en un artículo dedicado en *Estampa* a la presencia de mujeres en el ejército de la URSS en el que el periodista comenta que:

> los soviets han destruido el mito de la mujer dulce y sensible, y, en lógica consecuencia de la igualdad de los sexos, las dedican a las tareas que hasta ahora habían venido considerándose como 'privilegio' del varón, incluso el servicio militar". En un tono más jocoso se pregunta "¿servirían de algo en caso de guerra estas modernas amazonas?. ¿Estos vistosos batallones se batirían?[153]

Se considera que la igualdad entre los sexos puede acabar con el ideal de género de la "mujer dulce y sensible" y eso, para los periodistas de *Estampa* es algo peligroso.

Otro artículo que se centra en la imposibilidad de la igualdad es el que se dedica a las mujeres del Tibet que, según el periodista, son las opresoras de los varones. Se inicia diciendo que una "terrible noticia nos llega del lejano Oriente. En el Tíbet, los hombres sublevados han sido vencidos al fin por sus opresoras las mujeres". Con este comienzo va relatando las costumbres poliándricas del Tíbet y cómo las mujeres ejercen su matriarcado "la jefatura familiar, absolutamente despótica está vinculada a la mujer". Continúa explicando cómo los "¡pobres hombres!, todos trabajan como bestias de carga en beneficio de la esposa".[154] En este tono, nada científico ni antropológico, se va haciendo una enumeración de las vejaciones a las que las esposas someten a sus esposos en un tono entre curioso y burlesco. Se describe el matriarcado como algo totalmente antinatural y fuera de todo sentido. En ningún momento el periodista contempla la posibilidad de la existencia de diversos tipos de organizaciones familiares sino que expone este caso como una curiosidad totalmente excéntrica. La inversión de los roles de los sexos es algo que preocupa ante la presencia de nuevos arquetipos de género en estos años veinte y treinta.

152 Ibíd.
153 *Estampa*, 16, (17/4/1928), p. 25.
154 *Estampa*, 13, (27/3/1928), p. 15.

Para Nerea Aresti la aparición en estos años de la "mujer moderna" produce un temor al cambio sustancial en las relaciones de género, sobre todo en lo que plantea como "tercer sexo". Con su apariencia y actitudes esta mujer desafía "no sólo las fronteras entre los sexos sino también la propia definición de hombre y mujer".[155] Esto es lo que lleva a que se produzca una reacción que se manifiesta en discursos encaminados a condenar el nuevo tipo de mujer y redefinir los ideales de género ante la posibilidad de que la identidad de los sexos, considerada por Joan W. Scott como fantasía,[156] sea trastocada y pierda su condición de permanente.

Pero existen algunas posturas que sí han superado el feminismo de la diferencia y han planteado que, realmente, lo que esconde es una consideración de la inferioridad de la mujer. Es el planteamiento de Clara Campoamor cuando afirma que a los republicanos liberales les ha faltado valor "para declarar que eran opuestos al derecho femenino porque creían, como creen, en la inferioridad de la mujer".[157] Con este discurso pretende destapar los planteamientos del liberalismo que defiende la diferencia reconociendo que lo que esconden es una consideración de desigualdad y, por tanto, de inferioridad del sexo femenino. También la socialista María Cambrils se atreve a considerar que los planteamientos científicos liderados por el Dr. Gregorio Marañón predican como verdades: "el menosprecio de los débiles y la inferioridad improbada de la mujer".[158]

En estos años están llegando a España muchas referencias del sufragismo, especialmente del británico. En la revista *Estampa* se publica en 1928 un artículo en el que se presentan las actuaciones de estas mujeres en la política, desde una óptica totalmente favorable y reconociendo el cambio en los roles de género de las mujeres en los últimos años. Francisco Ayala, bajo el título "El feminismo en marcha. Las parlamentarias inglesas", escribe un artículo reconociendo que "La mitad más delicada y encantadora del género humano hace tiempo que no se conforma con su papel pasivo".[159] El

---

155 ARESTI, N. (2007). "La mujer moderna, el tercer sexo y la bohemia en los años veinte". *Dossiers Feministes*, 10, p. 173.

156 SCOTT, J. W. (2001). "El eco de la fantasía: la historia y la construcción de la identidad". *Ayer* 62, p. 117.

157 CAMPOAMOR, C. (1936). *Mi pecado mortal. El voto femenino y yo*. Madrid: Librería Beltrán, p. 119.

158 CAMBRILS, M.(1925). *Feminismo Socialista*. Cita recogida por ARESTI, N. (2014). Op. Cit. p. 105.

159 *Estampa*, 26, (3/7/1928), p. 17.

periodista prosigue enumerando los logros de las parlamentarias inglesas: "estas siete mujeres que hoy tienen asiento en la Cámara inglesa han hecho, sin duda, con su comportamiento y acción, muchísimo más por el avance del feminismo".[160] Los aspectos en los que estas parlamentarias han llevado a cabo su labor son: la instrucción pública, las relaciones laborales con los gremios y labores humanitarias. El argumento del periodista es que si han realizado tan bien sus labores parlamentarias, cómo no van a tener derecho al voto. Pero la principal razón que esgrime es que:

> ¿Cómo, si no, iba el gobierno que preside Mr. Baldwin a presentar su proyecto de concesión del sufragio universal a la mujer inglesa? Si no tuviera la certeza absoluta ese gabinete tan conservador, de la capacidad plena de la mujer para llenar sus funciones ciudadanas electorales, sin el menor peligro para el normal desenvolvimiento de los problemas del Imperio.[161]

Existe un reconocimiento de que el sufragio de las mujeres viene de parte de un gobierno conservador y eso hace que se alejen los temores que siempre se presentan en los articulistas de *Estampa* hacia el feminismo más radical. Es por esa razón que el autor del artículo considera que para llegar a esta aceptación, el Gobierno inglés ha tenido que ver "en el feminismo algo completamente distinto de aquel feminismo ridículo y grotesco que capitaneaba hace unos años la señora Pankhurst".[162] Precisamente la revista *Estampa* publica una necrológica de Emmeline Pankhurst el 19 del 06 de 1928 en su sección "Información gráfica" con una fotografía de la líder inglesa y un pie de foto en el que se la reconoce como "Conocida leader de las sufragistas inglesas".[163]

Existió un sufragismo más radical dispuesto a todo por la consecución del sufragio, sobre todo a partir del cambio de siglo y el final de la Era victoriana. María Jesús González Hernández explica que:

> Las sufragistas adoptarían nuevos métodos mucho más activos: el de la ocupación simbólica y física de los espacios públicos (incluyendo tanto el Parlamento como las plazas, los parques y las avenidas o las noticias de política en la prensa) y también el de apelación vehemente y abierta a la opinión pública.[164]

160 Ibíd.

161 *Estampa*, 26, (3/7/1928), p. 17.

162 Ibíd.

163 *Estampa*, 25, (19/06/1928), p. 42.

164 GONZÁLEZ HERNÁNDEZ, M. J. (2009). "Las sufragistas británicas y la conquista del espacio público: integración, recreación y subversión", *Arenal*, 16, p. 10.

"Voto o muerte", llegó a pronunciar la carismática Emmeline Pankhurst. En las primeras décadas del siglo se llevaron a cabo acciones violentas y la opinión pública más conservadora criticó duramente a las llamadas *sufragettes*. Sin embargo, este movimiento fue convirtiéndose en verdaderos *lobbies* políticos y propagandísticos que consiguieron acceder al parlamento defendidos por los partidos liberal y conservador y finalmente consiguieron su propósito, como se dice en el artículo de *Estampa* con un feminismo más dulcificado.

En las revistas gráficas españolas de este periodo se va visualizando el sufragismo como algo no muy lejano y que parece no ser tan peligroso para el sistema de relaciones de género ya que simplemente propone un acceso a la política de las mujeres sin perder lo que se considera en estos años su feminidad.

El 1 de octubre de 1931 se aprobó, después de arduos debates, la inclusión del voto femenino en la Constitución de la II República en España. La revista *Estampa* no dedica demasiadas páginas a este hecho trascendental. Simplemente el 17 de octubre de 1931 plublica un artículo sobre el tema con el siguiente título: "Si mañana hubiera elecciones, ¿a quién votarían las mujeres?".[165] En él se pregunta a mujeres conocidas y otras anónimas cuál sería su opción de voto. La respuesta acompaña a la fotografía de la mujer que responde con su nombre y profesión si la tiene. Por ejemplo, Carmen de Burgos votaría a los siguientes candidatos: "María Jesús Rodríguez, madre del capitán Galán; Gregorio Marañón, José Ortega y Gasset, Julián Besteiro, Marcelino Domingo, Luis Jiménez de Asúa, César Juarros y Pedro Vallina".[166] Una mujer feminista como Carmen de Burgos no duda en dar su voto a defensores de la radical diferencia entre los sexos, erigidos en figuras de autoridad política e intelectual como son Gregorio Marañón, Luis Jiménez de Asúa o César Juarros que niegan la inferioridad de la mujer pero defienden su diferencia con argumentos biologicistas y científicos que, como ya hemos visto, son aceptados por una gran parte de las feministas españolas.

La escritora Concha Espina votaría a:

María Quintana, inspectora de Primera Enseñanza; María de Maeztu, escritora; Consuelo Berges, escritora; Benita Asas Manterola, periodista; Melchor

---

165 *Estampa,* 197, (17/10/1931), p. 3.
166 Ibíd.

Fernández Almagro, escritor; Manuel Aznar, periodista; Maximiliano Arbolella, deán de la catedral de Oviedo; Francisco B. Cossio, escritor.[167]

La publicación se hace eco de la consecución del voto femenino pero no dedica ninguna información a los debates en el Congreso ni a la importancia histórica del hecho en sí mismo. Lo que sí hace esta revista es un comentario del libro de Armando Palacio Valdés *El gobierno de las mujeres* (1931), en el que defiende que las mujeres tienen mayores y mejores dotes de gobierno que los hombres, basándose en "Isabel 'la Católica', Isabel I de Inglaterra, la reina Victoria, a cuya muerte comenzó la decadencia del imperio británico; Catalina de Rusia, María Teresa de Austria, y, en la actualidad, la reina Guillermina de Holanda".[168] En la entrevista que le hacen, el autor está satisfecho del voto femenino pero ante la pregunta de si votarán o no las mujeres, responde

Imagen 32. Libro de Palacio Valdés.

que las socialistas sí que lo harán pero que "las otras, las burguesitas, continuarán haciéndose las uñas. Claro que esto es momentáneo; luego, cuando pase el tiempo, ya será otra cosa"[169] [imagen 32].

La aceptación del sufragio femenino viene de la mano de comentarios que consideran que la mujer no está todavía preparada para esa responsabilidad. Las posturas feministas de mujeres de diversos ámbitos sociales y políticos que hemos ido viendo no han calado en la mayoría de los discursos de personas progresistas que piensan que la mujer "burguesita" no se va a preocupar por temas políticos y que seguirá preocupada por su belleza y sus cosméticos. Esta postura ha estado muy presente en los debates en el Congreso de los Diputados a propósito de la concesión del sufragio a la mujer.

167 Ibíd., p. 4.
168 *Estampa,* 200, (07/11/1931), p. 13.
169 Ibíd.

Se la sigue viendo como "menor de edad" y susceptible de ser influenciada en su decisión política por otras fuerzas políticas o sociales y no se la considera preparada para ejercer su opción política en posición de igualdad con el hombre.

En conclusión, el feminismo es algo presente en los artículos de la revista estudiada, se utiliza como un elemento más de la modernidad de estos años 20. Al principio menos temido y posteriormente considerado más susceptible de alterar el sistema binario de los sexos. Por esa razón, se acentúa, siempre que se utiliza, la importancia de que este feminismo no lleve a la pérdida de las identidades masculina y femenina y no produzca una total igualdad que haría temblar el sistema basado en la diferencia, en este momento muy naturalizada y biologizada, gracias a las intervenciones y defensas en este sentido apadrinadas por el tan respetado en el momento Dr Marañón.

5

Domesticidad y maternidad

En las primeras décadas del siglo XX predomina en Europa el modelo de mujer heredado del siglo anterior al que denominamos "ángel del hogar", que se basa en la exaltación de la domesticidad y del rol de la mujer en el hogar, con un papel esencial en el mantenimiento de la familia nuclear burguesa. Según el análisis que realiza Nerea Aresti (2001),[170] este ideal de "Ángel del hogar" no es el mismo en los países anglosajones que en los del sur de Europa ya que la burguesía floreciente protestante de los primeros ha considerado a la mujer como la portadora de valores morales alejándola así de la tradición misógina que la consideraba un ser moralmente inferior al hombre. Sin embargo, en los países católicos, la burguesía liberal no tuvo una relación tan fácil con la religión ya que esta, en muchos casos, se convirtió en partidaria del Antiguo Régimen y claramente antiliberal y la mujer se consideró parte de esa tradición católica. Por tanto, el conocido libro de Pilar Sinués de Marco, *El ángel del hogar* (1881),[171] plantea un ideal de mujer en el que la domesticidad se centra sobre todo en la defensa de las tradiciones y la religión, dicho de otro modo, en la creación del hogar cristiano. Este ideal seguía bastante vigente en los años veinte aunque fue entonces cuando se empezó a construir un modelo de feminidad alternativo y diferente al modelo heredado del Antiguo Régimen.[172]

---

170 Aresti, N. (2001).*Médicos, donjuanes y mujeres modernas. Los ideales de feminidad y masculinidad en el primer tercio del siglo XX,* Bilbao: Servicio Editorial de la Universidad del País Vasco, p. 20.

171 Sinués de Marco, P. (1881) *El ángel del hogar.* Madrid: Librerías de A. de San Marín.

172 Aresti, N. (2000) "El Ángel del hogar y sus demonios. Ciencia, Religión y género en la España del siglo XX", *Historia Contemporánea,* 21, p. 364.

Cada vez más en España se va uniendo al ideal de domesticidad la consideración de la mujer como un ser moralmente superior, un verdadero ángel, portadora de los valores de abnegación, capacidad de amar, perdonar y consolar.[173] Son esas cualidades consideradas naturales de la mujer las que determinan su dedicación al hogar, al cuidado de los hijos, de los mayores y del marido.

En la revista *Estampa,* la sección "La mujer en el hogar de los hombres célebres" pretende presentar un modelo de "ángel del hogar" que se recluye en el ámbito doméstico y es allí donde realiza su feminidad, muy convencida y defensora de su papel y convirtiéndose en el gran pilar del hogar, que no podría existir sin su presencia y que supone para el varón el refugio y la paz ante sus obligaciones y responsabilidades del ámbito público. Es lo que la historiadora Catherine Jagoe, denomina "el hogar isla" en el que "la mujer consolaba y curaba todo, las penas y los agravios.[174] Esta sección corre a cargo de Matilde Muñoz, nacida en Madrid en 1895, que además de periodista es novelista, ensayista, dramaturga, poetisa y guionista radiofónica. Tras la Guerra Civil se le prohibió ejercer de periodista por sus simpatías con la República y se exilió a Cuba en 1945 donde murió en 1954. Uno de los artículos de esta sección se dedica al novelista, poeta, periodista y dramaturgo Eduardo Marquina. La intención es dar a conocer el ambiente doméstico de un personaje público apoyándose en la figura de su esposa "ama de su casa" que se encarga de crear el entorno favorable para que su esposo encuentre la paz, la inspiración y pueda dedicarse a su arte.

> La mujer de Marquina ha fundido su existencia a la adoración muda y solícita, a la admiración ardiente, sin límites, hacia el esposo. Desde la sombra espesa e ignorada en que se ha recluido voluntariamente, supo proyectar sobre la vida de Marquina un reguero de luz suave, con el que se han esclarecido todos los caminos.[175]

Se presenta un discurso de género muy aceptado en la época, en el que la mujer se "recluye voluntariamente", debido a la admiración hacia su esposo, y hace que la vida de un gran hombre sea posible gracias a la existencia de un hogar placentero.

---

173 Jagoe, C., Blanco, A. y Enríquez Salamanca, C. (1998). *La mujer en los discursos de género. Textos y contextos en el siglo XIX.* Barcelona: Icaria. Antracit, p. 26.

174 Ibid., p. 30.

175 *Estampa*, 13, (27/3/1928), p. 9.

En otra ocasión, la periodista presenta a doña Elvira, la esposa del General de la Legión Millán Astray, como una mujer con "alma pura, abrillantada de heroísmo, (…) la dulzura resignada, la fuerza valerosa que puso en aceptar los golpes de la suerte…".[176] En definitiva, la presenta como "la esposa del guerrero" que aguarda en su hogar a que llegue su esposo y lleva con resignación todos los innumerables avatares de la guerra. Ella es la que muestra a la periodista toda la colección de fotografías y estandartes de la Legión y de la Guerra de África, y reconoce que "Pepe es y ha sido la única ilusión de mi vida". Aparece también como una madre para todos los heridos de la Legión porque al no tener hijos, su marido dice que "todos los heridos de la Legión la miraban como a una madre". Incluso su carácter maternal se proyecta en la relación con su marido: "Para mí es como mi niño,… yo lo quiero como a un hijo".[177] Termina enseñando a la periodista una pulsera que tiene con todas las balas y metralla que hirieron a su marido y un dije que es "un disco de oro con un ojo en esmalte, la fecha y el lugar en que fue herido".[178]

Siguiendo en esta sección, en el artículo dedicado al novelista Pedro Mata, la periodista se centra en la descripción de la casa en la que "El orden más perfecto brilla en todos sus detalles". Este hogar se debe a su esposa ya que "Aquí no hay más mujer que la del novelista, a quién él adora. Una simpática señora, cordial, sencilla, llena de juventud y de amor y admiración por su marido".[179] Matilde Muñoz relata los tiempos en que económicamente no les iba bien y los sacrificios que tuvieron que hacer. Pedro Mata cuenta que cuando los dos necesitaban un traje "ella me decía siempre: 'Más vale que te lo hagas tú que es el que sale'".[180] Este modelo de feminidad hace gala de lo poco que frecuenta el espacio público, ya que su vida y su función están en su casa. Considera que el ámbito público no le pertenece, no le interesa y la distraería de su gran labor en el hogar.

Bajo el título "Jacinto Guerrero y 'su vieja'", Matilde Muñoz describe, en este caso, a la madre viuda, que ha tenido que sacar adelante a su familia. Mujer muy trabajadora que vive situaciones de necesidad y que representa la abnegación, el sacrificio y el anonimato. Es la madre que lleva luto desde

176 *Estampa,* 14, (3/4/1928), p. 17.

177 Ibíd., p. 18.

178 Ibíd.

179 *Estampa*, 16, (17/4/1928), p. 15.

180 Ibíd., p. 16.

hace veinte años y que ha mantenido a su familia cosiendo. Se percibe el culto a laboriosidad de la mujer que no puede dejar de trabajar en casa: "a la antigua española… No hay quien la convenza para que salga de paseo, que vaya al teatro, que se distraiga un poco".[181] Supone el máximo de domesticidad ya que no tiene ninguna vida social ni exterior a su hogar.

En esta sección se aprecian las características del hogar español cristiano, aunque se vislumbra un cierto riesgo de desaparición al convertirse en "el hogar de otros tiempos", como demuestra el comentario de la periodista a propósito de la casa taller del escultor Coullaut Valera. En este artículo, la periodista describe la casa del escultor buscando reproducir lo que ella considera el hogar tradicional español.

> He aquí un hogar perfectamente español, perfumado de todas las bellas tradiciones que van desapareciendo al impulso arrollador de la vida moderna, pero que aquí, en esta estancia amplia y sencilla, presidida por un altar con un Sagrado Corazón, esculpido por el padre, y donde una amplia mesa, en la cual se congrega la familia que conserva sus costumbres de antaño, tienen una especie de encanto de tierna y apacible atmósfera de otros tiempos.[182]

En este caso, se reproduce el ideal de mujer e hijas que se quedan en casa llevando a cabo las tareas del hogar y los hombres, hijos y marido trabajan, en el caso del escultor, desarrollando su arte. Es la imagen de un hogar cristiano en el que las mujeres lo mantienen con su presencia y dedicación, desdeñando el espacio público y, por lo tanto, las actividades remuneradas o simplemente de ocio en el exterior del hogar. En todo caso, se percibe como algo que resiste al "impulso arrollador de la vida moderna". Percibimos la idea de que algo nuevo está surgiendo que va a mover los principios de este hogar español, tal vez trastocando uno de sus pilares fundamentales que es la presencia de la mujer en él, a tiempo completo y con la máxima dedicación. La "mujer moderna" está en el imaginario colectivo de la época y hace temer la pérdida de las tradiciones consideradas típicamente españolas que pueden ser amenazados por nuevas formas, hábitos y costumbres sociales venidas de fuera, del extranjero.

Desde mediados del siglo XIX existe un debate sobre la educación que debe recibir la mujer. El liberalismo plantea la importancia del papel social de las mujeres y la necesidad de una educación diferente de la del hombre

---

181 *Estampa*, 20, (18/5/1928), p. 19.
182 *Estampa*, 23, (5/06/1928), p. 30.

y dirigida al adecuado cumplimiento de su misión de esposa y madre. Esta es la postura defendida tanto por Pilar Sinués, autora de *El Ángel del hogar* (1859) como por Severo Catalina, autor de *Apuntes para un libro* (1854) que se unían a los esfuerzos de quienes abogaban por la instauración de una "educación moral" destinada a forjar "mujeres virtuosas".[183] En este sentido, desde el siglo XIX se intenta que las mujeres tengan una formación, ya que sobre ellas recae la gran tarea de la educación de los hijos y, por tanto, de la formación de sociedades virtuosas. La postura que defendían los detractores del programa liberal a mediados del siglo XIX, herederos de la misoginia de siglos anteriores, consistía en que dada la incapacidad femenina para comportarse moralmente, era difícil y negativo para la sociedad encomendarles la tarea de formar a las nuevas generaciones.

En las primeras décadas del siglo XX se aprecia un interés por la formación de las madres y amas de casa a través de las llamadas "Escuelas hogar" que se desarrollan para mejorar la cualificación de la mujer en el desarrollo de sus funciones, ligadas a los roles de cuidadora del hogar y madre. En estos momentos ya no es la domesticidad del XIX, centrada en valores morales y en la "virtud" lo que debe caracterizar a las madres. Ahora la maternidad no es espiritual, sino una vía de reforma o regeneración social.

Irene Palacios ha estudiado este tipo de instituciones y considera que en ellas se pretende crear un determinado modelo de mujer por medio de lo que ella denomina "fuerzas ajenas", pertenecientes a determinados intereses políticos, ideológicos o religiosos encaminados a determinar el modo en que las madres debían sentir, actuar y comportarse en relación con la crianza de los hijos. Esto da lugar a una serie de mecanismos y estrategias para el adoctrinamiento de las madres con el propósito de que se ajusten a lo que de ellas se espera.[184]

Un ejemplo de las muchas instituciones dedicadas a la formación de las mujeres en cuanto madres y esposas es "Escuela del Hogar y Profesional de la mujer",[185] que aparece en la sección *Información gráfica* en la revista

---

183 MOLINA PUERTOS, I. (2009). "La doble cara del discurso doméstico en la España Liberal: El 'Ángel del hogar' de Pilar Sinués" *Pasado y Memoria. Revista de Historia Contemporánea*, 8, p. 187.

184 PALACIO LIS, I. (2003). *Mujeres ignorantes: madres culpables. Adoctrinamiento y divulgación materno-infantil en la primera mitad del siglo XX*. Valencia: Universitat de València. Dto. Educación Comparada e Historia de la Educación, p. 9.

185 *Estampa*, 25, (19/6/1928), p. 35.

Imagen 33. *Estampa* (1928)

Estampa en 1928, en la que se publica una imagen de las integrantes de la una de las escuelas dedicadas a formar a las mujeres en sus labores de madres, esposas y amas de casa. También, en este caso, preparan a las mujeres para el desarrollo de profesiones fuera del hogar.

Se aprecia el interés en estos años por la mejora en las condiciones de los hogares y de la maternidad, haciendo partícipes a las mujeres de las novedades en estos ámbitos y convirtiéndolas en responsables de la salud, la higiene y las costumbres sanas de una casa. Estos conocimientos que antes se transmitían de madres a hijas, se convierten en materias de estudio en las escuelas y en cursos dedicados a las amas de casa.

Bajo el título "Cómo se forman en Alemania las amas de casa", se recogen en la revista *Estampa* en 1928, diversas fotografías que ilustran las diferentes materias que, relacionadas con la maternidad y el hogar, estudian las futuras amas de casa alemanas [imagen 33].

Se considera que las nuevas costumbres higienistas deben constituir la base de la educación femenina y así conseguir hogares sanos, higiénicos y acordes con los nuevos tiempos. En la revista *Estampa* abundan las referencias a esta formación y asesoramiento de las llamadas "madres modernas". La exaltación de la maternidad como deber social femenino convierte

SEVILLA.—Reparto de premios a las madres que más se han distinguido en la crianza de sus hijos, celebrado en el Dispensario del Corral del Conde.

(Foto Sánchez del Pando.)

Imagen 34. *Estampa* (1930)

a la madre en la encargada de mejorar el deterioro y empobrecimiento de la raza. Esto se argumenta en estos años en los que se lucha desde la medicina social por la "erradicación de la mortalidad infantil" y la mejora de las condiciones físicas de los niños, en un contexto de ideas eugenésicas de las que se hace responsables a las madres.[186]

En el número 26 de la revista se puede ver una imagen de las madres premiadas en el concurso "Madres Limpias"[187] organizado por la Obra Antituberculosa. Entre todas las madres de la fotografía suman 118 hijos. Las mujeres como madres son las encargadas de evitar los contagios de la tuberculosis por medio de las técnicas de higiene que se pretenden popularizar por medio de concursos como el de "madres limpias". Otro ejemplo de

186 PALACIO LIS, I. (2003) *Mujeres ignorante: madres culpables. Adoctrinamiento y divulgación materno-infantil en la primera mitad del siglo XX.* Valencia: Universitat de València. Dto. Educación Comparada e Historia de la Educación, p. 13.

187 *Estampa*, 26, (26/6/1928), p. 37.

concurso para incentivar la mejora en el cuidado de los hijos es el de una fotografía publicada en *Estampa* titulada: "Reparto de premios a las madres que más se han distinguido en la crianza de los hijos" [imagen 34].

También en la educación reglada aparece como principal objetivo el preparar a las niñas para el desarrollo de las tareas del hogar. En el número 23 se dedica un artículo a la descripción del grupo escolar "Princesa de Asturias" que tiene una parte dedicada a las niñas llamada "La casa de las Nenas" en la que la educación se basa en la economía doméstica, y "dirige a la mujer hacia su excelso destino, que está en *hacer hogar* y saber mantenerlo".[188] En este artículo queda reflejado el principal motivo y objetivo de la educación femenina que es el de preparar a las niñas para el desarrollo de las funciones del hogar. También en las Escuelas Normales, las labores de la casa se presentan como algo muy deseable para la formación de las futuras maestras. La portada del número 15 de la revista *Estampa* se ilustra con una imagen de dos mujeres que están en el aula bordando con bastidor. En el pie de foto se lee: "En los Centros de enseñanza modernos no se descuida la instrucción femenina —digámoslo así— de la mujer." Se explica que las estudiantes contemporáneas siguen aprendiendo a "gobernar una casa". Se trata de alumnas de la Escuela Normal de Maestras de Madrid. El periodista dice que la citada Escuela "quiere formar mujeres cabales y no vanas bachilleras". Y concluye diciendo que "También entre los pucheros está Dios"[189] [imagen 35]. Con la expresión "vanas bachilleras" quiere dar a entender que las mujeres no se pueden convertir solo en estudiantes o profesionales, como es el caso de los varones, sino que deben conocer también aquello que se considera necesario para su vida, y eso es el conocimiento de la costura, la cocina y demás labores del hogar. Esta sería la postura más acorde con los artículos de esta revista. Se visualiza a la mujer estudiante y profesional pero se reconoce que no se debe descuidar su papel de esposa y madre y, por tanto, el de "ama de casa" como máxima expresión de la domesticidad.

La propia Magda Donato dedica una de sus intervenciones en la sección "Páginas de la mujer" a reivindicar las labores femeninas, la costura, los encajes, etc. Reconoce que el hombre ocupa el ocio "fumando, bebiendo o jugando a las cartas", pero la mujer lo hace "ocupando sus manos en alguna labor; y si es verdad que esta labor no siempre es bonita, ni práctica, ni presenta grandes ventajas económicas, al menos es inofensiva; no podría

188 *Estampa,* 23, (5/6/1928), p. 37.
189 *Estampa*, 15, (10/4/1928), portada.

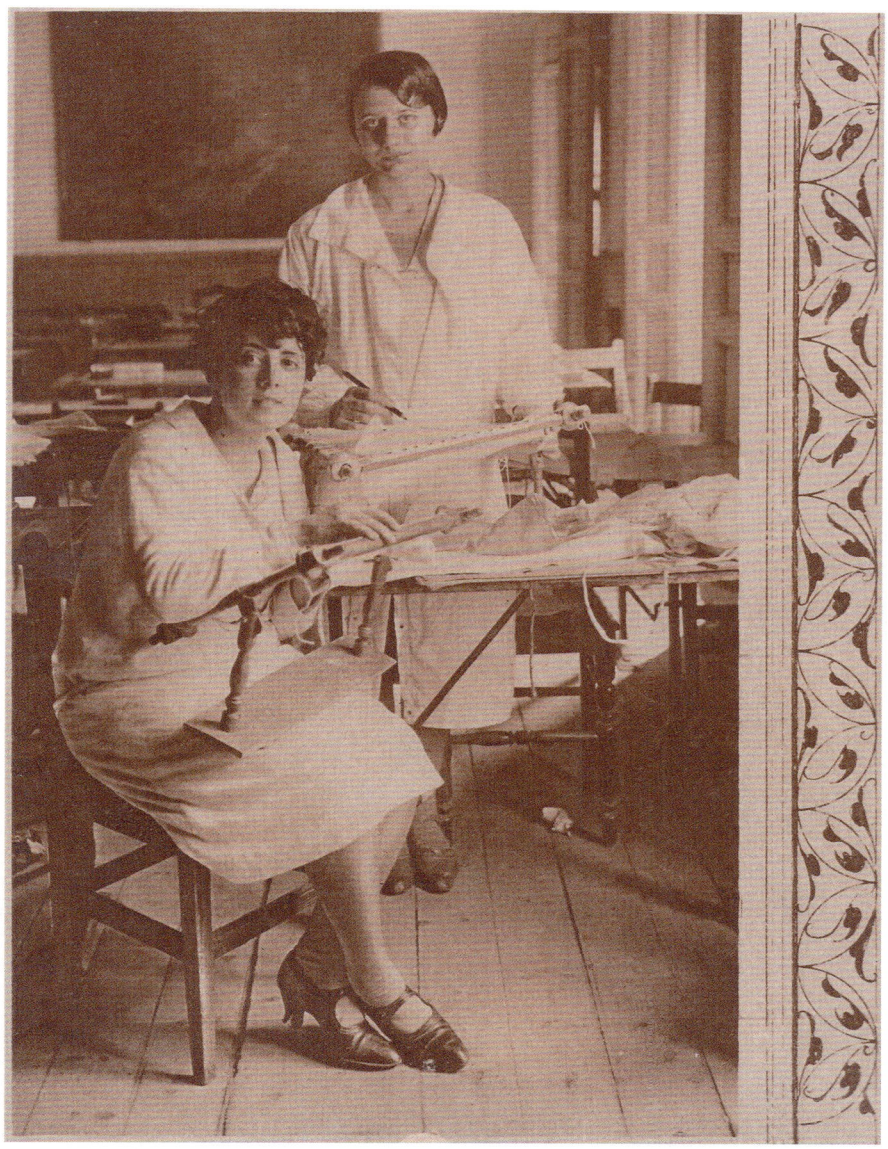

Imagen 35. *Estampa* (1928)

Representaciones de la "mujer moderna" a través de la revista *Estampa*, de 1928 a 1931

decirse otro tanto ni de la bebida, ni del tabaco, ni de las cartas". Carmen Eva Nelken no quiere que las mujeres dejen estas labores. Cree que la cultura, el deporte y las actividades sociales son importantes en el ocio de la mujer, "pero tampoco es posible, ni debe ser, por nosotros y por los demás, que las labores manuales, las labores femeninas, desaparezcan de nuestra vida por completo".[190]

Para Irene Palacios la presencia de la maternidad como materia en los diferentes ámbitos de estudio supone un afianzamiento, en las primeras décadas del siglo XX, de la domesticidad plegada al "exclusivo y sagrado destino de la maternidad", no solamente desde el plano religioso sino también desde el nuevo discurso secularizado con "ropajes de cientifismo".[191] Asistimos a un discurso que saca a la maternidad del ámbito privado y la convierte en algo público y por lo tanto político, controlado cada vez más por los médicos y por los y las colaboradores y colaboradoras de la medicina social.

Paralelamente, también hay que considerar que el poder de la maternidad se convierte en uno de los pivotes en los que se asientan algunos de los planteamientos del feminismo, tanto católico como laico, que la reconoce como base sustancial del acceso de la mujer al ámbito público. Hemos visto cómo algunos de las reivindicaciones encaminadas a mejorar las condiciones de las madres y las esposas, tanto económicamente como ante la ley, se basan en este discurso que encumbra a las madres como las responsables de la nueva sociedad, de la raza, de la salud y de la vida de los niños. Así mismo, como reconoce Irene Palacio en el título de su libro, se las considera culpables si no alcanzan los cometidos que se esperaban de ellas.

---

190 *Estampa,* 74, (11/06/1929), p. 27.

191 PALACIO LIS, I. (2003). *Mujeres ignorantes: madres culpables. Adoctrinamiento y divulgación materno-infantil en la primera mitad del siglo XX.* Valencia: Universitat de València. Dto. Educación Comparada e Historia de la Educación, p. 12.

6

Conclusiones

La revista *Estampa* dedica muchas de sus páginas a presentar a la mujer como protagonista de cambios en la apariencia, la visibilización y las actitudes en el espacio público. De manera más evidente en los últimos dos años de la década de los veinte que en el inicio de los treinta, los arquetipos de la *flapper* o *garçonne* emergen como un nuevo ideal de género alternativo al "ángel del hogar", propio de la domesticidad del siglo XIX. Su presencia en los espacios públicos se considera algo atractivo para el público de la revista, novedoso y consustancial a la forma de entender la modernidad en este contexto. La prensa gráfica se hace eco de la nueva imagen de la "mujer moderna" y sigue sus múltiples manifestaciones en la moda, con muchas referencias al extranjero. Su principal encarnación en España son las jóvenes, protagonistas de esta nueva forma de estar en el mundo.

A través de la publicación estudiada es posible explorar cómo las mujeres acceden a puestos de trabajo y a responsabilidades sociales y políticas nuevas. Si bien su número es todavía escaso, se presenta como algo positivo, por lo que ellas se erigen en referentes para las lectoras. El paradigma de domesticidad y reclusión queda así sustancialmente alterado. Es evidente la percepción de las y los contemporáneos de que algo nuevo está surgiendo. Es característica de esta época una gran confianza en un porvenir que permita a la mujer mejorar su situación e imaginar un futuro emancipador.

De la investigación con una fuente como la revista *Estampa* se puede deducir que estas nuevas actitudes constituyen un desafío al modelo tradicional y, por lo tanto, una renegociación de la diferencia sexual. Esta, sin embargo, no fue del todo suprimida. Bien al contrario, las mujeres que aparecen no plantean una lucha por la igualdad entre los sexos sino más bien una ampliación de sus posibilidades en relación al modelo basado en la domesticidad, manteniendo así los presupuestos de diferencia jerárquica de los sexos y la convicción de que la identidad femenina debe preservarse al margen de cualquier contaminación con los rasgos de la masculinidad.

El término feminismo es utilizado en los años veinte en la revista para adjetivar las actitudes de la nueva mujer en cuanto a su acceso al espacio público, a su incorporación a profesiones tradicionalmente masculinizadas o simplemente a su presencia en actividades al aire libre en ocio, deporte o en las calles y cafés. Pero el miedo a la indefinición sexual, así como a una nueva feminidad entendida como un revulsivo, se hace patente en los comentarios de las protagonistas y de los y las periodistas que pretenden preservar la diferencia sexual y rechazar la presencia del tercer sexo o de la modificación de las identidades tradicionales masculina y femenina. Así mismo la maternidad se revaloriza, al adquirir un nuevo significado para la mejora de la sociedad. Este será uno de los factores que influya en el surgimiento de argumentos feministas, basados en una noción de diferencia sexual, que contribuirán a ampliar la presencia y la capacidad de decisión de las mujeres en cuanto madres en la sociedad y en la política.

Por último considero que el ideal de género del ángel del hogar y de la domesticidad no desaparecen del todo, pero sí conviven con otros que superan el ámbito doméstico y pretenden aumentar la presencia femenina en el espacio público y cuestionar la figura de la mujer recatada y recluida en el hogar.

En este breve periodo de la Historia de España se inician, se vislumbran cambios importantes que tendrán lugar en el periodo republicano y en la posterior Guerra Civil. En estos momentos la presencia pública de las mujeres irá creciendo y exigiendo responsabilidades y participaciones que no resultarán nunca fáciles ni exentas de reacciones por parte del poder organizado y regentado por los varones. Pero es necesario visualizar, historiar y valorar estos primeros intentos de cambiar y renegociar las relaciones entre los sexos en un sentido más igualitario, que por pequeños que sean van creando subjetividades diferentes a los prototipos de feminidad heredados del siglo XIX.

BIBLIOGRAFÍA

AGUADO HIGÓN, A. y RAMOS PALOMO, M. D. (2008). "La modernidad que viene. Mujeres, vida cotidiana y espacios de ocio en los años veinte y treinta". *Arenal*, 14, pp. 265-289.

AGUADO HIGÓN, A. y RAMOS PALOMO, M. D. (2002) *La modernización de España (1917-1939): cultura y vida cotidiana*. Vol. 31 Col. Historia de España, 3er milenio. Madrid: Síntesis.

ARBAIZA VILALLONGA, M. (2003) "A propósito de la familia moderna". En CASPISTEGUI, F. J. y LARRAZA, M. M. (ed.). *Modernización, desarrollo económico y transformación social en el País Vasco y Navarra. Actas del seminario de estudios vascos de la Universidad de Navarra*. Navarra: Eunate, pp. 65-98.

ARESTI, N. (2001). *Médicos, donjuanes y mujeres modernas. Los ideales de feminidad y masculinidad en el primer tercio del siglo XX*. Bilbao: Servicio Editorial de la Universidad del País Vasco.

ARESTI, N. (2000) "El Ángel del hogar y sus demonios. Ciencia, Religión y género en la España del siglo XX". *Historia Contemporánea*. 21, pp. 362-394.

ARESTI, N. (2007). "La mujer moderna, el tercer sexo y la bohemia en los años 20". *Dossiers Feministes*. 10, pp. 173-185.

ARESTI, N. (2014). "Cuestión de dignidad. Género, feminismo y culturas políticas", pp. 85-111, en FORCADELL, C. y SUÁREZ CORTINA, M. (Coords.). *La Restauración y la República. 1874-1936*. Vol. III de PÉREZ LEDESMA, M. y SAZ, I. *Historia de las Culturas políticas en España y América Latina* (directores). Madrid: Marcial Pons Ediciones de Historia, Zaragoza: Prensas Universitarias de Zaragoza.

BLASCO, I. (2005). "Ciudadanía y militancia católica femenina en la España de los años veinte". *Ayer,* 57, pp. 223-246.

BOUCHER, F. (2009). *Historia del traje en occidente*. Barcelona: Gustavo Gili.

BRANCIFORTE, L. (2012) "El feminismo político de Magda Donato". *Cuadernos Kóre. Revista de Historia y pensamiento de género*, 6.

BRANCIFORTE, L. (2015). "Experiencias plurales del feminismo español en el primer tercio del siglo pasado: un balance de la historiografía reciente*". *Revista de Historiografía*, 22, pp. 235-254.

Campoamor, C. (1936). *Mi pecado mortal. El voto femenino y yo.* Madrid: Librería Beltrán.

Cambrils, M. (1925). *Feminismo Socialista.* Valencia: Tipográfica "Las Artes".

Capel, R. M. (1975). *El sufragio femenino en la Segunda República Española.* Granada: Secretariado de publicaciones de la Universidad de Granada.

Castejón Bolea, R. (2013). "Marañón y la identidad sexual: biología, sexualidad y género en la España de la década de 1920". *Arbor,* 189.

Esdaile, C. (2001). *La quiebra del liberalismo (1808-1939). Historia de España,* cap. XIII. Barcelona: Crítica.

Fagoaga, C. (1985). *La voz y el voto de las mujeres. El sufragismo en España 1877-1931.* Barcelona: Icaria.

Frances, L., Seguí Cosme, M. J. y Seguí Cosme, S. (1999). "Los cuerpos de las mujeres y el cuerpo político católico: autoridades e identidades en conflicto en España durante las décadas de 1920 y 1930". *Historia Social,* 35, pp. 65-80.

Fuente, M. J. (2008). "Cruzando el umbral. Mujeres en el proceso de paso del espacio público al privado". En Montserrat Huguet, M. y González Marín, C. (Editoras). Género y espacio público. Nueve Ensayos. Madrid: Dykinson, pp. 80-102.

García-Sanz Marcotegui, Á. y Mendioroz Lacambra, A. (2019). "Micaela Díaz Rabaneda (1878). El compromiso social y político de una maestra católica 'feminista'". *Arenal,* 26, pp. 157-184.

González Hernández, M. J. (2009) "Las sufragistas británicas y la conquista del espacio público: integración, recreación y subversión", *Arenal,* 16, pp. 53-84.

González Marín, C. (2008). "La ansiedad de la diferencia". En Huguet, M. y González Marín, C. (Eds.). *Género y espacio público. Nueve Ensayos.* Madrid: Dykinson, pp. 45-63.

Huertas, E. "El teatro frívolo: las variedades y la revista". En *Ensayos de teatro clásico español.* Biblioteca Fundación Juan March. https://www2.march.es/publicaciones/ensayos-tme/ensayo.aspx?p0=3, fecha de consulta 30/09/2021.

Jagoe, C., Blanco, A. y Enríquez Salamanca, C. (1998). *La mujer en los discursos de género. Textos y contextos en el siglo XIX.* Barcelona: Icaria. Antracit.

Lickefett, C. (1925). "La cuestión del feminismo". *Sexualidad,* 15.

Llona, M. (2020). "Los otros cuerpos disciplinados. Relaciones de género y estrategias de autocontrol del cuerpo femenino (primer tercio del siglo XX)". *Arenal,* 14, pp. 79-108.

Llona, M. (2020). "Recordar el porvenir: las mujeres modernas y el desorden de género en los años veinte y treinta". *Arenal,* 27, pp. 5-32.

Llona, M. (1998). "El feminismo católico en los años veinte y sus antecedentes ideológicos". *Vasconia,* 25.

LLONA, M. (2006). "La construcción de la identidad de clase obrera en el País Vasco. Género y respetabilidad de clase, dos realidades inseparables". *País Vasco. Cuadernos de Historia, Geografía.* 35, pp. 287-300.

LLONA, M. (2003). "La realidad de un mito: la aspiración de ascenso social de las modistillas, en el Bilbao de los años veinte y treinta". *Asparkía. Investigació feminista*, 14. Recuperado a partir de http://www.erevistes.uji.es/index.php/asparkia/article/view/844, fecha de recuperación 30/09/2021, pp. 139-166.

LUENGO LÓPEZ, J. (2008). *Gozos y ocios de la mujer moderna. Transgresiones estéticas en la vida urbana del primer tercio del siglo XX.* Málaga: Universidad de Málaga.

MARTÍNEZ DE ESPRONCEDA SAZATORNIL, G. (2011). "Indumentaria y medios de comunicación". *Emblemata: Revista aragonesa de emblemática*, 1.

MATHIEU, G. (2013) "Prensa y censura en España durante la dictadura de Primo de Rivera (1923-1930). El ejemplo de la reacción del periódico El Sol al golpe de Estado" *Ab initio*, 8. www.abinitio.esm, fecha de recuperación 30/09/2021.

MOLINA PUERTOS, I. (2009). "La doble cara del discurso doméstico en la España Liberal: El "Ángel del hogar" de Pilar Sinués". *Pasado y Memoria. Revista de Historia Contemporánea*, 8, pp. 181-197.

MORENO GALILEA, D. (2015). "La Asamblea Nacional: un primer intento de participación femenina en la dictadura de Miguel Primo de Rivera (1923-1930)". En CABRERA ESPINOSA, M. y LÓPEZ CORDERO, J. A. (ed. lit.). *VII Congreso virtual sobre Historia de Las Mujeres.* Jaén: Archivo histórico diocesano de Jaén, pp. 585-600.

NASH, M. (2014). "Los feminismos históricos: revisiones y debates" en CENARRO, A. e ILLION, R. (eds.). *Feminismos. Contribuciones desde la Historia.* Zaragoza: Prensas Universitarias de la Universidad de Zaragoza.

NASH, M. (2010). *Trabajadoras: un siglo de trabajo femenino en Cataluña (1900-2000).* Barcelona: Departamento de Trabajo, Generalitat de Cataluña.

NASH, M. (Ed.). (2014). *Feminidades y masculinidades: Arquetipos y prácticas de género.* Madrid: Alianza Editorial.

NASH, M. (2000). "Género, identidades urbanas y participación ciudadana. En torno al 11 de septiembre". *Historia Contemporánea*, 2, pp. 315-331.

NASH, M. (1994). "Experiencia y aprendizaje: la formación histórica de los feminismos en España". *Historia Social*, 20, pp. 151-172.

ORELLANA PALOMARES, A. (2015). "María Bernaldo de Quirós: Primera aviadora española". *Asparkía*, 27, pp. 147-161.

ORTEGA GUTIÉRREZ, Félix. (1998). "Imágenes y representaciones de género". *Asparkia: investigació feminista*, 9, pp. 9-20.

PALACIO LIS, I. (2003). *Mujeres ignorantes: madres culpables. Adoctrinamiento y divulgación materno-infantil en la primera mitad del siglo XX.* Valencia: Universitat de València. Dto. Educación Comparada e Historia de la Educación.

Pallol Trigueros, R. (2017). "Trabajadoras en una economía en transformación. La participación laboral de las madrileñas en el primer tercio del siglo XX". *Sociología del Trabajo*, 89, pp. 53-74.

Pattison, M. (2017). "La creación de la Muchacha Moderna: Consumo, modernidad y género en la revista gráfica española (1928-1933)". En *VI Encuentro internacional de jóvenes investigadores en Historia Contemporánea*. Zaragoza: https://historiazgz2017.files.wordpress.com/2017/05/m1-pattison-consumo-modernidad-y-gc3a9nero.pdf, fecha de consulta 30/09/2021.

Pattison, M. (2017). "La niña bonita se hace *flapper:* el compromiso político y social de la "muchacha moderna" en vísperas de la Segunda República Española". En González Madrid, D., Ortiz Heras, M. y Pérez Garzón, J. S. (coord.). *La Historia: lost in traslatión. Actas del XIII Congreso de la Asociación de Historia Contemporánea*. Cuenca: Ediciones de la Universidad de Castilla-La Mancha, pp. 3077-3089.

Pedro, Cristina de y Pallol Trigueros, R. (2021). "Chicas modernas y de barrio. La modernidad femenina alternativa de las jóvenes de clases urbanas populares en el periodo de entreguerras". *Feminismo/s*, 37, pp. 187-210.

Peiss, K. (1998). *Hope in a Jar: The Making of America's Beauty Cultur.* New York: Metropolitan Books.

Ramos, M. D. (2000). "Identidad de género, feminismo y movimientos sociales en España". *Historia Contemporánea,* 21, pp. 523-552.

Ramos, M. D. (2014), "La construcción cultural de la feminidad en España. Desde el fin del siglo XIX a los locos y politizados años veinte y treinta". En Nash, M. (ed.). *Feminidades y masculinidades. Arquetipos y prácticas de género.* Madrid: Alianza Editorial.

Ramos Palomo, D. (2005), "Historia de las mujeres y género. Una mirada a la época contemporánea"). *Arenal. Del ayer al mañana. La historiografía de la historia de las mujeres, del género y del feminismo*, 22, pp. 211-234.

Saldaña, Q. (1929). *Siete ensayos sobre sociología sexual.* Madrid: Mundo Latino.

Sánchez Vigil, J. M. (2008). *Revistas ilustradas en España. Del Romanticismo a la Guerra Civil.* Gijón (Asturias): Ediciones Trea, S.L.

Seoane, M. C. y Sainz, M. D. (1996). *Historia del periodismo en España 3. El siglo XX: 1898-1936.* Madrid: Alianza Editorial Textos.

Scanlon, G. (1976). *La polémica feminista en la España contemporánea (1868-1974).* Madrid: Siglo XXI.

Scott, J. W. (2001). "El eco de la fantasía: la historia y la construcción de la identidad". *Ayer.* 62, pp. 111-138.

Sinués, M. P. (1881). *El ángel del hogar: Estudio.* Madrid: Librerías de San Martín.

ÍNDICES

Índice de imágenes